谁烧了我的草垛

Shui Shaole Wode Caoduo

预防农村违法犯罪法律问题读本

都本有 主审
韩 玲 编著

东北财经大学出版社 大连
Dongbei University of Finance & Economics Press

图书在版编目（CIP）数据

谁烧了我的草垛／预防农村违法犯罪法律问题读本／韩玲编著．—大连：东北财经大学出版社，2011.8
（金色乡村）
ISBN 978-7-5654-0518-1

Ⅰ．谁… Ⅱ．韩… Ⅲ．农村-预防犯罪-中国-普及读物 Ⅳ．D917.6-49

中国版本图书馆 CIP 数据核字（2011）第 168540 号

东北财经大学出版社出版
（大连市黑石礁尖山街 217 号 邮政编码 116025）
教学支持：（0411）84710309
营 销 部：（0411）84710711
总 编 室：（0411）84710523
网 址：http：//www.dufep.cn
读者信箱：dufep@dufe.edu.cn

大连北方博信印刷包装有限公司印刷 东北财经大学出版社发行

幅面尺寸：160mm×230mm 字数：214 千字 印张：13 1/2
2011 年 8 月第 1 版 2011 年 8 月第 1 次印刷

责任编辑：时 博 王芃南 孙佳音 李 彬 责任校对：贺 鑫
封面设计：冀贵收 版式设计：钟福建

ISBN 978-7-5654-0518-1
定价：27.00 元

辽宁省农家书屋建设图书出版编委会

前　言

我国与众不同的城乡二元化结构使得社会转型期农村的刑事犯罪问题日益突出。原有的暴力犯罪类型在农村生活中依然常见，而剩余劳动力的增加所引发的流动人口犯罪和农村未成年人犯罪也出现了增多的趋势。加强农民法律意识，进一步加大普法宣传力度刻不容缓。本书结合当前农村新形势下的犯罪特点，贴近农民、贴近生活，以维护农民合法权益、提高农民法律意识为宗旨，力图成为一本优秀的农村普法读物，为推进我国法治化进程贡献自己的微薄力量。

本书的特点在于：

1. 案例丰富，浅显易懂，针对性强。本书贴近农村生活实际，选取的主要是我国农村中常见多发的带有典型性的刑事案件。内容侧重于农村中常见多发的故意杀人、故意伤害等暴力犯罪案件，“两抢一盗”等侵犯财产犯罪案件，破坏农业生产、坑农害农刑事案件，拐卖妇女、儿童犯罪案件，农村黑社会性质组织犯罪案件和卖淫嫖娼、赌博、吸毒等社会丑恶现象诱发的刑事案件以及近些年农村生活中新出现的非法集资、制假售假等刑事案件。

2. 实用性强。本书主要针对农民朋友在日常生活中经常遇到的刑事法律问题，着眼于使广大农民朋友了解哪些行为会构成犯罪，罪与非罪之间的具体界限是什么。每个案例都搭配有适用的相关法律规定，其中，相当一部分是1997年《中华人民共和国刑法》颁布施行以来在八个刑法修正案中新增加的内容，尤其是增加了最近颁布并施行的《中华人民共和国刑法修正案（八）》中的新罪名和一些最新的司法解释，增强了本书的实用性。

3. 语言生动。本书用闲话家常这种农民朋友易于理解、接受的方式组织语言，如设置“跟您说个事儿”、“为您说说法”、“给您提个醒儿”等栏目，努力通过生动的语言解答复杂的法律问题。

4. 体例设置活泼。本书从篇章设置到栏目设置均力图体现活泼、生动的风格，可读性、趣味性强。

由于时间仓促，加之作者水平有限，书中难免存在疏漏和不足，恳请读者批评指正。

编著者

2011 年 8 月

目 录

第一篇 违法犯罪要不得——刑法总则

1. 用扎草人的方法欲夺人性命，究竟犯不犯法？ …… 3
2. 不满十四周岁的人犯罪，要负刑事责任吗？ …… 4
3. 精神病人犯罪都不负刑事责任吗？ …… 6
4. 醉酒的人可以不承担刑事责任吗？ …… 7
5. 为免遭奸污致人死亡，构成正当防卫吗？ …… 9
6. 为救小学生致人重伤，构成紧急避险吗？ …… 11
7. 上树=强奸，真是这样吗？ …… 12
8. 伙同别人意图伤害他人，是不是共同犯罪？ …… 14
9. 张甲的行为算自首吗？ …… 15

第二篇 左邻右里伤不得——危害公共安全罪

10. 放火烧自家草垛，也是犯法？ …… 21
11. 谁烧了我的草垛？ …… 22
12. 小小烟头莫乱丢，引发火灾法难容 …… 23
13. 为防止禽畜偷庄稼，在自家菜地投毒反倒毒死了人，该当何罪？ …… 25
14. 私拉电网防止被偷，电死了人，构成何罪？ …… 27
15. 偷放他人车辆机油，为何构成破坏交通工具罪？ …… 28
16. 盗窃使用中的铁路设施，为何构成破坏交通设施罪？ …… 30
17. 盗割电缆，构成何罪？ …… 31
18. 拿出家里藏的枪支只是吓唬一下别人，也是犯罪吗？ …… 33
19. 带雷管上火车，构成何罪？ …… 34
20. 哪些人在哪些情形下构成交通肇事罪？ …… 36
21. 醉酒驾驶摩托车，也会坐牢吗？ …… 41
22. 外出打工要注意，安全生产是第一 …… 42

第三篇　经济秩序乱不得——破坏社会主义市场经济秩序罪

23. 生产、销售有毒、有害食品，国法难容 …… 47
24. 生产、销售假种子坑农误农，该当何罪？ …… 49
25. 购买、使用假币，并非发财致富捷径 …… 51
26. 正确判断非法集资，维护自己合法权益 …… 52
27. 依法纳税是义务，暴力抗税要受罚 …… 57
28. 注册商标法律保护，非法仿冒必定受罚 …… 59
29. 利用合同去诈骗，触犯法律罪难逃 …… 60
30. 组织、领导非法传销，应承担怎样的刑事责任？ …… 63
31. 贩卖私盐，也是犯罪？ …… 66
32. 买卖不成情意在，强买强卖要受罚 …… 68
33. 出卖“自己”的土地，也犯法吗？ …… 70

第四篇　人权民权犯不得——侵犯公民人身权利、民主权利罪

34. 相约自杀，一人未死，未死的人要承担刑事责任吗？ …… 75
35. 见死不救，何种情况下构成犯罪？ …… 77
36. 应付拆迁造危房，过失致死成罪犯 …… 79
37. 打伤小偷，也是犯法？ …… 80
38. 买卖人体器官，合法吗？ …… 83
39. 管教自己的孩子，也会犯法？ …… 85
40. 犯了强奸罪，应当如何处罚？ …… 86
41. “闹新房”要有限度，犯刑律难逃法网 …… 88
42. 猥亵儿童，天理难容 …… 90
43. 追讨欠款要讲方法，非法拘禁触犯刑律 …… 92
44. 实施“绑票”，应如何处罚？ …… 94
45. 拐卖人口如何处罚？ …… 95
46. 花钱买老婆，未进洞房先进班房 …… 97
47. 买儿子是犯罪，聚众阻碍解救也是犯罪？ …… 99
48. 诬告他人犯罪，自己才是犯罪 …… 100
49. 制造现代“包身工”也是犯罪？ …… 102
50. 侵入他人住宅也是犯罪吗？ …… 104
51. 以暴力方法公然侮辱他人，刑法如何处罚？ …… 105
52. 上网发帖诽谤他人，同样触犯刑律 …… 106

53. 宪法赋予权利必须重视，破坏选举应受刑法惩罚 …………… 108
54. 以暴力方式强迫他人离婚，构成何罪？ ………………………… 110
55. “齐人之福”享不得 ……………………………………………… 112
56. 虐待老人伤天害理，触犯刑律应受惩罚 ………………………… 113
57. 天赐一女，为何遗弃？ …………………………………………… 115
58. 求子心切，偷走他人孩子也是犯法 ……………………………… 116

第五篇　他人钱财贪不得——侵犯财产罪

59. 只抢三只鸡，就要判十年？ ……………………………………… 121
60. 偷盗他人耕牛，该当何罪？ ……………………………………… 123
61. 成婚心切，须防“骗婚” ………………………………………… 126
62. 明抢财物，构成何罪？ …………………………………………… 128
63. 聚众哄抢是犯罪，法不责众是空谈 ……………………………… 130
64. 他人钱财不可贪，拒不交出是犯罪 ……………………………… 131
65. 挪用防汛款，即使没装入自己腰包也是犯罪 …………………… 133
66. 明明有理变没理，勒索钱财成被告 ……………………………… 134
67. 故意毁坏他人财物，应如何处罚？ ……………………………… 136
68. 什么是破坏生产经营罪？ ………………………………………… 138
69. 恶意欠薪是犯罪，吸人血汗法难容 ……………………………… 140

第六篇　社会秩序碍不得——妨害社会管理秩序罪

70. 暴力袭警，如何处罚？ …………………………………………… 145
71. 招摇撞骗来钱易，触犯刑律回头难 ……………………………… 146
72. 办假证，构成何罪？ ……………………………………………… 149
73. 上树做“鸟人”，聚众堵交通，构成何罪？ …………………… 151
74. 假投毒，真犯法 …………………………………………………… 153
75. 编造谣言引起恐慌，也会构成犯罪吗？ ………………………… 154
76. 打群架，是犯法 …………………………………………………… 156
77. 寻衅滋事耍流氓，未立威风进班房 ……………………………… 158
78. 参加黑社会性质组织，构成什么罪？ …………………………… 161
79. 传授犯罪方法，应受什么处罚？ ………………………………… 163
80. 宣扬邪教，也是犯罪？ …………………………………………… 165
81. 盗掘尸体“配阴婚”，犯了什么法？ …………………………… 168
82. 赌乃万恶源，私彩不能沾 ………………………………………… 169

83. 帮助罪犯逃走，犯了什么罪？ …… 171
84. 窝赃、销赃，犯了什么罪？ …… 172
85. 故意损毁名胜古迹，《刑法》是怎么规定的？ …… 174
86. 非法卖血，害人害己 …… 176
87. 强迫卖血缺德，蹲了班房活该 …… 178
88. 接生婆是谁都能当的吗？ …… 180
89. 生男生女都一样，非法节育为哪般 …… 183
90. 污染环境事关重大，非法排放必定受罚 …… 184
91. 野生动物要保护，非法猎捕须受罚 …… 186
92. 打猎能随便打吗？ …… 187
93. 矿藏国家所有，私开滥采不该 …… 189
94. 盗伐林木，构成何罪？ …… 191
95. 罂粟虽美有剧毒，非法种植应铲除 …… 193
96. 引诱、教唆他人吸毒，犯了何罪？ …… 195
97. 制售黄碟，构成何罪？ …… 197
98. 传播淫秽物品，没有牟利也是犯罪 …… 200
主要参考文献

第一篇

1. 用扎草人的方法欲夺人性命，究竟犯不犯法？
2. 不满十四周岁的人犯罪，要负刑事责任吗？
3. 精神病人犯罪都不负刑事责任吗？
4. 醉酒的人可以不承担刑事责任吗？
5. 为免遭奸污致人死亡，构成正当防卫吗？
6. 为救小学生致人重伤，构成紧急避险吗？
7. 上树＝强奸，真是这样吗？
8. 伙同别人意图伤害他人，是不是共同犯罪？
9. 张甲的行为算自首吗？

1. 用扎草人的方法欲夺人性命，究竟犯不犯法？

跟您说个事儿

李某，女，56岁，某地农民。

李某与其邻居刘某（女，52岁）因宅基地纠纷和其他日常琐事长期不和。一日，李某听前来走亲戚的婶娘无意间说起，用稻草扎一个小人，写上仇人的名字和生辰八字，在小人心窝扎一针，每天再烧香念咒，过了七七四十九天以后，仇人就会心痛而死。说者无意，听者有心。李某一听正中下怀，自己不用费什么劲，就可以置刘某于死地。于是，按照婶娘的说法，李某扎了小人，写上刘某的名字和生辰八字，在小人心窝处扎上针，每日烧香念咒。过了一个多月，刘某突然病发，送到医院抢救无效死亡，死因是心肌梗塞。李某婶娘得知此事，怕被牵连，于是到当地派出所报案。当地公安司法机关经调查核实，决定不追究李某的刑事责任。

为您说说法

《刑法》第十三条：一切危害国家主权、领土完整和安全，分裂国家、颠覆人民民主专政的政权和推翻社会主义制度，破坏社会秩序和经济秩序，侵犯国有财产或者劳动群众集体所有的财产，侵犯公民私人所有的财产，侵犯公民的人身权利、民主权利和其他权利，以及其他危害社会的行为，依照法律应当受刑罚处罚的，都是犯罪，但是情节显著轻微危害不大的，不认为是犯罪。

给您提个醒儿

犯罪构成，是依照我国刑法的规定，决定某一具体行为的社会危害性及其程度而为该行为构成犯罪所必需的一切客观和主观要件的有机统一。根据我国刑法，任何一种犯罪的成立都必须具备四个方面的构成要件，即犯罪客体、犯罪客观方面、犯罪主体、犯罪主观方面。

在本案中，李某是具备完全刑事责任能力的自然人，其主观上也有非法剥夺刘某性命的目的，但其所谓“扎小人”想要置人于死地的客观行为根本不会达到她想要的结果。也就是说，“扎小人”的行为，并不具有刑法意义上的社会危害性。“扎小人、念咒语”完全是迷信行为，至于刘某因突发心肌梗塞而死亡，纯属巧合，刘某的死亡结果和李某的所谓危害行为之间并不具有因果关系。李某的行为也没有侵害到犯罪客体，即刑法所保护的社会关系。李某的行为属于刑法理论上的“迷信犯”，即由于行为人愚昧无知，因而采用在任何情况下都不可能造成实际危害结果的迷信方法企图实现自己所追求的某种危害结果的行为。所以，李某的行为不构成犯罪，不应追究其刑事责任。

2. 不满十四周岁的人犯罪，要负刑事责任吗？[①]

跟您说个事儿

被害人韩某、李某夫妻平时在雅安名山县黑竹镇上卖豆腐和茶叶。2004 年农历 4 月 14 日晚 7 时，他们一家三口在家吃饭，饭是他们的独生子小强（13 周岁）做的。吃了饭后，韩某突然说头晕得很，就吃了一些感冒药，休息了一会儿后，他的嘴里开始往外吐血泡，还全身抽搐，邻居听到他痛苦的叫声后，都赶了过来，送到医院时韩某已经死亡。当时医生说他可能是中了毒，问要不要验尸。听说要花 1 万多元钱，家人就没验，第二天就将他埋了。5 月 20 日的中午，李某从镇上卖茶叶回来，看见小强已将饭菜做好了，端起就吃，那时小强已吃了饭到学校去了。吃饭后，她出现了头晕现象，邻居赶来急救，帮她驱邪。众人把小强从学校叫回来后，李某当时浑身抽搐，村民郭某扶着她，另一村民陈某应李某要求拿来了一把菜刀乱舞驱邪。“孩子他爸回来找我了，想让我也陪他走。孩子他爸，你就放了我吧，让我带孩子……”李某当时以为是丈夫做鬼后缠上了她，不停地哀求。见她全身抖得厉害，有人叫小强去咬妈妈的脚跟，帮着驱邪（当地的一种迷信做法），小强犹豫着不肯。后在众人催促下，才不情愿地去咬。但咬不到两下，他就说，“妈妈动得太凶了，我咬不住。”李某死后，亲人给她烧纸钱时，小强心不在焉，他放下纸钱对二姨说，

① 案件来源 网易新闻，http：//news.163.com/2004w05/12565/2004w05_1085623901831_2.html。

“妈妈的保单放在那个抽屉里，是不是保险公司要赔我们钱哟！”当时没引起二姨的注意，“那是以后的事，快给你妈烧纸钱！”小强又有一个动作让人起疑，在警方尚未赶到时，他将妈妈尚未吃完的饭往潲水桶里倒，被邻居韩某发现，就跟小强的舅舅说了。他问小强，“你倒饭做啥子？”小强说，“我怕吃了剩饭，会咬狗脸兔（农村土话，意思是长怪脸和花脸）。”最后小强被警方带走讯问。小强到公安局后，他不仅承认母亲的死是他下毒所致，而其父之死，也是他所为。民警根据他的交代，从猪圈里取出尚未用完的鼠药——毒鼠强。5 月 24 日下午，警方第三次来到死者所居住的莲花村，将死者韩某的坟打开，发现韩一脸黑色，当即对他的尸体取了样，拿回去拟做科学化验，确证其死因。小强下手的动机是，家中买有两份保险，他以为父母死了，保险公司会赔钱，那时他就是受益人，两张保单最高赔付额共计为 15 000 元。因小强没有达到刑事责任年龄，无法追究其刑事责任。

为您说说法

《刑法》第十七条：已满十六周岁的人犯罪，应当负刑事责任。

已满十四周岁不满十六周岁的人，犯故意杀人、故意伤害致人重伤或者死亡、强奸、抢劫、贩卖毒品、放火、爆炸、投毒罪①的，应当负刑事责任。

已满十四周岁不满十八周岁的人犯罪，应当从轻或者减轻处罚。

因不满十六周岁不予刑事处罚的，责令他的家长或者监护人加以管教；在必要的时候，也可以由政府收容教养。

给您提个醒儿

按照我国《刑法》第十七条的规定，不满十四周岁的人，无论犯了何罪，都不追究刑事责任。不满十四周岁，是完全不负刑事责任年龄阶段。一般来说，不满十四周岁的人尚处于幼年时期，还不具备辨认和控制自己行为的能力，概不追究刑事责任。但是应当注意，对于不满十四周岁不予刑事处罚的实施了危害社会行为的人，应依法责令其家长和监护人加以管教，也可视需要由政府收容教养。已满十四周岁不满十六周岁的人，只对八种严重犯罪承担刑事责任。而已满十六周岁的人，对一切犯罪都应承担刑事责任，但是已满十四周岁不满十八周岁的人犯罪，根据我国

① 指投放危险物质。

《刑法》规定应当从轻或者减轻处罚。

在本案中，行为人小强年龄未满十四周岁，小小年纪，心思歹毒，为了区区15 000元居然用剧毒毒杀父母意图骗取保险金。根据我国《刑法》规定，如果一个具有完全刑事责任能力的人实施了故意杀人以骗取保险金的行为应该实行数罪并罚，但小强在行为当时没有达到刑事责任年龄，所以无法追究其刑事责任。

我国自改革开放以来未成年人犯罪率逐年攀升，有众多社会和家庭方面的原因。在广大农村，因剩余劳动力较多，一些青壮年农民来到城市打工，一些人将子女带在身边，却因为忙于生计无暇顾及对子女的教育；另一些人将年幼的孩子交给家中的老人，即孩子的祖父母、外祖父母，而老人由于年龄、体力等诸多方面原因，缺乏与孙子女、外孙子女的沟通，也无法进行必要的家庭教育。以上的客观事实就是当前农民工二代犯罪的家庭原因。而从社会大环境来看，未成年人因影视、网络等大众传播媒介的普及，过早地接触了一些低级趣味和不良文化，也成为未成年人犯罪增多的一个社会原因。所以，广大农民朋友在忙于生计、养家糊口的同时千万不能疏于对子女的教育。

3. 精神病人犯罪都不负刑事责任吗？[①]

跟您说个事儿

2009年7月12日凌晨2时30分左右，云南省普洱市墨江县发生一起杀人案，犯罪嫌疑人柯某杀死了龙潭乡瓦路村某组村民2男3女共5人，另外2人轻伤。据当地警方介绍，12日凌晨3时许，墨江县公安局接到龙潭乡政府报案后，立即组织警力赶赴现场。上午8时04分，警方在墨江县文武乡文武村将犯罪嫌疑人柯某抓获。据柯某的家属及一些村民称，犯罪嫌疑人柯某患有精神病。据柯某的姐姐介绍，柯某几年前患上精神病，曾被带到建水、思茅治疗过，在家经常殴打父母。就在前几天，柯某的母亲被打后逃到通海躲避。

① 案件来源 陕西法制网，http：//www.124aj.cn/news/rbtt/2009/7/15/2128DJHH1K3G9KC39.html。

而柯某的一名亲戚也表示，柯某大概是从2004年开始出现问题的。他猜测柯某打父母主要是为了要钱，“但家里被他弄得一贫如洗了，后来他父亲给了他100元钱，他却把钱拿去水里洗烂”。

为您说说法

《刑法》第十八条：精神病人在不能辨认或者不能控制自己行为的时候造成危害结果，经法定程序鉴定确认的，不负刑事责任，但是应当责令他的家属或者监护人严加看管和医疗；在必要的时候，由政府强制医疗。

间歇性的精神病人在精神正常的时候犯罪，应当负刑事责任。

尚未完全丧失辨认或者控制自己行为能力的精神病人犯罪的，应当负刑事责任，但是可以从轻或者减轻处罚。

给您提个醒儿

在本案中，如经司法鉴定程序确实认定行为人柯某在行为当时处于精神病发作期间，不能辨认和控制自己的行为，那么他将不承担刑事责任。在我国，犯罪嫌疑人一经鉴定为精神病人或者在实施犯罪的过程中处于精神病发病期，那么，公安机关已立案的应撤销案件；已移送起诉的，检察院应作出不起诉决定；在审理过程中，法院应作出终结诉讼的裁定。值得注意的是，《刑法》第十八条的规定并不意味着精神病人犯罪在法律上不被认定为犯罪，而只是表明由于精神病人不具有责任能力从而不承担刑事责任。精神病人由于意识及意志方面的缺陷，法律对其进行保护，是出于人道主义的考虑，也符合刑法罪责刑相适应的原则。

4. 醉酒的人可以不承担刑事责任吗？[①]

跟您说个事儿

被害人张某和被告人王某系好友关系。2008年10月3日，张某邀约

① 案件来源 荆楚网，http：//www.cnhubei.com/news/todaynews/jhsb/yw/201004/t1097998.shtml。

好友的儿子李某和王某一起到张某家中吃午饭，3人喝了一些白酒和啤酒。李某和王某离开时，张某要两人晚上再到其家吃晚饭。当晚，3人再次推杯换盏。酒足饭饱后，张某陪王某坐在客厅沙发上聊天。张某的妻子黄某给王某的妻子江某买了一点礼物，黄某要王某给江某打电话，一是把喝多酒的王某接回家，二是顺便将礼物带回去。王某给妻子江某打电话，但江某称来不了。这时，张某却称，他给江某打电话一定会来。张某打电话后，江某答应过来。闲聊中，张某问王某这些年赚了多少钱，王某称只赚了10万元，张某觉得王某"没有用"。在众人面前受到张某的讥讽，王某感到很没面子，心里十分恼火。这时，江某赶到张某家，王某一看火上浇油。王某说，"我叫你来你不来，别人叫你就来了"，当即抓起茶几上的一把水果刀，朝妻子江某腹部捅了2刀，黄某劝架时胸部也被刺中一刀。江某躲到张某坐的沙发旁边时，王某又朝张某猛刺数刀，致张某当场死亡。案发后，王某畏罪潜逃。

法庭上，王某认为，自己持刀杀人是因饮酒引起的，不是故意杀人。法院认为，王某酒后持刀杀人，致一人死亡、一人轻伤、一人轻微伤，其行为已构成故意杀人罪，且手段残忍、后果严重，案发后又畏罪潜逃，依法应从严判处，判决被告人王某犯故意杀人罪并判处死刑。

为您说说法

《刑法》第十八条第四款：醉酒的人犯罪，应当负刑事责任。

给您提个醒儿

从法医学上说，醉酒可以分为病理性醉酒和生理性醉酒两种。所谓病理性醉酒是指少量饮酒后因身体异常反应而急性发作的中毒状态。病理性醉酒的人多数只需少量饮用即可出现意识障碍，但是，也有少数病理性醉酒是由普通醉酒演变而成的。病理性醉酒一般持续几分钟到几小时，事后多以沉睡告终。酒醒后，大多不能回忆或只能部分回忆。《刑法》第十八条第四款所称"醉酒的人"，指的是生理性醉酒的人。生理性醉酒，又称普通醉酒，其发生在一次大量的饮酒之后，或酒量小的人过量饮酒之后。生理性醉酒引起的精神障碍是非精神病性的。在生理醉酒状态下，人的辨认和控制能力只是有所减弱，并未完全丧失。同时，生理性醉酒的人对自己醉酒后可能实施的危害行为应当预见到，甚至已经有所预见，所以在生理性醉酒状态下实施危害行为的时候，行为人具备故意或过失的主观罪过，应当负刑事责任。

在本案中，被告人王某属于生理性醉酒，他所实施的危害行为虽然发生在酒后，但其导致醉酒状态完全是人为的，完全可以避免。他在醉酒状态下实施的犯罪，也应负刑事责任。

5. 为免遭奸污致人死亡，构成正当防卫吗？[①]

跟您说个事儿

被告人杨某，女，43岁，汉族，四川省泸县人，农民。

被告人杨某的公公王甲（本案被害人，与被告人同住）曾于20世纪80年代趁儿媳杨某欲超生孩子被计生部门追查而到其卧室内躲避时强行对其实施了奸淫。此后，王甲多次纠缠杨某，欲与其发生性关系，并在儿子王乙外出打工期间偶有奸淫得逞。为此，杨某的丈夫王乙曾多次请村干部到家调解。2000年7月6日21时许，被告人杨某提水到灶房后面的屋子洗澡，刚把裙子脱下，王甲趁机窜进屋子，欲与其发生性关系。杨某不从，双方遂发生推拉抓扯。二人从灶房后面的屋子拉扯到灶房去堂屋的过门石梯处时，王甲不慎摔倒在地。在没有灯光的情形下，杨某摸起狗槽向王甲砸去，一连数下均砸在王甲的头部，致王甲死亡。经法医尸检鉴定，死者王甲系钝物打击头部致颅脑损伤死亡。次日早晨，杨某在夫嫂的陪同下到泸县公安局石桥派出所投案自首。四川省泸县人民法院审理后认为：被告人杨某故意损害他人身体健康，且致人死亡，其行为已构成故意伤害罪。于2000年11月13日作出一审判决如下：被告人杨某犯故意伤害罪，判处有期徒刑5年。一审判决宣告后，被告人杨某不服，向四川省泸州市中级人民法院提起上诉。杨某诉称：案发当晚自己为避免被奸淫，在抓扯过程中将王甲打死，属于正当防卫，不应承担刑事责任，要求二审法院宣告自己无罪。四川省泸州市中级人民法院依照《中华人民共和国刑事诉讼法》第一百八十九条第二款、《中华人民共和国刑法》第二十条第三款

① 案件来源　四川省泸县人民法院（2000）泸刑初字第120号判决、四川省泸州市中级人民法院（2000）泸刑终字第150号判决。

之规定，判决撤销泸县人民法院一审判决，改判杨某无罪。

为您说说法

《刑法》第二十条：为了使国家、公共利益、本人或者他人的人身、财产和其他权利免受正在进行的不法侵害，而采取的制止不法侵害的行为，对不法侵害人造成损害的，属于正当防卫，不负刑事责任。

正当防卫明显超过必要限度造成重大损害的，应当负刑事责任，但是应当减轻或者免除处罚。

对正在进行行凶、杀人、抢劫、强奸、绑架以及其他严重危及人身安全的暴力犯罪，采取防卫行为，造成不法侵害人伤亡的，不属于防卫过当，不负刑事责任。

给您提个醒儿

根据《刑法》第二十条的规定，正当防卫是指为了使国家、公共利益、本人或者他人的人身、财产和其他权利免受正在进行的不法侵害，而对不法侵害者实施的制止其不法侵害且未明显超过必要限度的行为。成立正当防卫，应满足以下几个条件：第一，必须是为了保护合法权益才实施防卫手段去制止不法侵害；第二，不法侵害是现实存在的；第三，正当防卫只能针对不法侵害者本人实施；第四，不法侵害正在进行；第五，防卫行为不能明显超过必要限度造成重大损害。这是对一般情形之下正当防卫成立要件的概括。此外，鉴于严重危及人身安全的暴力犯罪的严重社会危害性及其对被害人的潜在性严重危害后果，我国《刑法》第二十条第三款还规定了特殊防卫权："对正在进行行凶、杀人、抢劫、强奸、绑架以及其他严重危及人身安全的暴力犯罪，采取防卫行为，造成不法侵害人伤亡的，不属于防卫过当，不负刑事责任。"因此，对正在进行的严重危及人身安全的暴力犯罪实行正当防卫，不存在防卫过当情形。

在本案中，被告人杨某的公公王甲曾多次对其实施奸淫。案发当天，王甲又趁被告人杨某洗澡，欲再次与其发生性关系。面对正在进行的强奸犯罪，被告人杨某为了维护自己的合法权益，对王甲实施了反击行为，并在没有灯光的情形下抱起狗槽砸向王甲，其行为应属于防卫行为。而且，在被告人杨某和被害人王甲实施扭打的过程中，被害人虽然不慎摔倒在地，但其侵害行为并未结束。根据当时的情况，王甲爬起来后仍会继续对杨某实施侵害行为。因此，仍属于不法侵害"正在进行"。更为重要的是，被告杨某针对被害人王甲正在进行的强奸这一严重危及人身安全的暴力犯罪采取防卫行为，虽然造成了被害人的死亡，但应属于刑法第二十条第三款所规定的特殊防卫。因此，被告人杨某并不存在防卫过当的问题，其行为不构成故意伤害罪或者故意杀人罪，应属于正当防卫，不承担刑事责任，二审法院的判决是恰当的。

6. 为救小学生致人重伤，构成紧急避险吗？[①]

跟您说个事儿

杨某系一私营中巴司机。1999 年 8 月 7 日，杨某在营运途中被交通警察以超载为由处以 200 元罚款，在其与交警争执中，车上乘客纷纷换乘他车离开，仅余乘客张某、王某两人。杨某认为自己无端遭受损失，心中十分不满，当车继续行至某小学操场附近时，杨某突然喊了一声“撞死一个少一个”，并驾车朝正在操场上玩耍的一群小学生撞去。乘客张某、王某见状急朝车外大喊，让学生们躲开。受雇给学校操场沙坑运沙子的刘某听见喊声，以为中巴车刹车失灵，为了避免中巴车撞上小学生，遂驾运沙车拦截中巴车，两车相撞，致乘客张某、王某重伤。

为您说说法

《刑法》第二十一条：为了使国家、公共利益、本人或者他人的人身、财产和其他权利免受正在发生的危险，不得已采取的紧急避险行为，造成损害的，不负刑事责任。

紧急避险超过必要限度造成不应有的损害的，应当负刑事责任，但是应当减轻或者免除处罚。

第一款中关于避免本人危险的规定，不适用于职务上、业务上负有特定责任的人。

---

① 案件来源 赵秉志：《刑法教学案例》，北京，法律出版社，2007。

给您提个醒儿

根据《刑法》第二十一条的规定，紧急避险是指为了使国家、公共利益、本人或者他人的人身、财产和其他权利免受正在发生的危险，不得以损害另一个较小合法权益的行为。紧急避险需要满足以下几个要件：第一，必须有威胁合法利益的危险发生；第二，必须是危险正在发生；第三，必须是为了使国家、公共利益、本人或者他人的人身、财产或者其他权利免受正在发生的危险；第四，必须针对的是第三者的合法权益；第五，只能是在不得已的情况下实施；第六，不能超过必要限度造成不应有的损害。

在本案中，刘某为了避免中巴车撞上小学生，遂驾运沙车拦截中巴车，两车相撞，致乘客张某、王某重伤。由于本案中制造危险的是司机杨某，乘客张某、王某属于第三者。刘某为了保护小学生免受司机杨某的侵害而损害第三者合法权益的行为属于紧急避险行为，并且刘某为了保护一群小学生的生命安全而致张某、王某重伤，从限度上看，没有超过必要限度造成不应有的损害。因此，本案中，刘某的行为属于紧急避险，不应负刑事责任。

7. 上树＝强奸，真是这样吗？[①]

跟您说个事儿

被告人李某，成都新都区人。李某暗恋邻居刘某。2008 年 4 月 17 日晚，趁刘某丈夫不在，李某在家喝了点小酒后，仗着“酒胆”，趁夜翻墙进入刘某家。当他准备进入刘某客厅时，发现刘某正在客厅看电视。李某赶紧收住脚步，爬上刘某院落中的一棵树伺机而动。他在树上艰难度过 4 个多小时后，天气突变。在一阵电闪雷鸣中，刘某家的院落被照得如同白昼。刘某受惊之下，无意间发现躲在树上的李某。李某知事情败露，再也

① 案件来源　中国新闻网，http：//www. chinanews. com/life/news/2009/04 - 14/1645373. shtml。

没有机会下手了，跳下树逃回家中。次日早上，李某被当地派出所民警带走。“我爬上树，确实想强奸她。”面对民警，李某坦白了他爬上树的主观意图，表示愿意接受刑法处罚。法庭上，新都区检察院以涉嫌强奸罪，指控李某犯罪事实。鉴于李某强奸行为未能得逞，公诉人请求法院对其从轻处罚。李某也当庭供认，自己一直暗恋刘某，最终上演了这出闹剧，并对自己的行为感到后悔。法院经审理认为，李某翻墙进入刘某家，企图与之发生性关系的目的很明确。因天气突变，他自觉地终止了犯罪行为。但其行为已构成强奸罪，鉴于其从主观上终止了犯罪行为，可对其依法减轻处罚，法院据此判处李某有期徒刑 1 年，并处缓刑 1 年。

为您说说法

《刑法》第二十二条：为了犯罪，准备工具、制造条件的，是犯罪预备。对于预备犯，可以比照既遂犯从轻、减轻处罚或者免除处罚。

第二十四条：在犯罪过程中，自动放弃犯罪或者自动有效地防止犯罪结果发生的，是犯罪中止。

对于中止犯，没有造成损害的，应当免除处罚；造成损害的，应当减轻处罚。

给您提个醒儿

本案中，从表面上看，李某上树的行为跟强奸根本毫无瓜葛，为何法院会以强奸罪追究李某的刑事责任呢？我国《刑法》第二十二条的规定，李某的上树行为是为了实施强奸创造条件，也就是在树上观察刘某，伺机而动，属于犯罪预备中“为了犯罪，创造条件”的行为（有被告人供述为证）。如果没有客观原因也就是行为人李某意志以外的原因（因电闪雷鸣，被刘某发现），李某很可能已经得逞。但是李某最终放弃犯罪还是出于其主观原因，因为电闪雷鸣和被刘某发现并不足以阻止其进一步着手实施犯罪。李某的行为应属于犯罪预备阶段的中止，即《刑法》第二十四条所规定的“在犯罪过程中，自动放弃犯罪”的情形。所以，李某的行为具有社会危害性，应追究其刑事责任。人民法院根据李某的犯罪情节和悔罪表现，对李某予以减轻处罚，即在法定刑以下判处刑罚，同时宣告了缓刑。

8. 伙同别人意图伤害他人，是不是共同犯罪？[①]

跟您说个事儿

被告人谢乙与本村村民谢丙系亲兄弟，两家因在谢丙家原宅基地上堆放杂物等琐事产生矛盾，关系长期不和。2005年6月20日13时许，谢丙因为宅基地的事情在其门口不提名地谩骂，谢乙认为是在骂自己。随后，谢乙将其大儿子谢甲、二儿子谢丁、女婿胡某等人召集到家中，提出准备与谢丙家打架，并安排谢甲与谢丁负责打谢丙之子谢戊，其负责打谢丙，并提出不要使用“家伙”。后谢乙到谢丙家南侧的土路上谩骂，两家发生吵骂，继而厮打。在厮打过程中，被告人谢甲掏出事先藏在身上的匕首朝谢丙的颈部、胸部、腹部、背部捅刺5刀，将其捅倒在地，又见谢乙、谢丁与谢戊在谢丙家东侧的河沟内厮打，遂持匕首过去朝谢戊胸部、背部捅刺3刀，后被村民拉开。被害人谢丙被捅刺后当场死亡，被害人谢戊被送往医院抢救后脱险。被告人谢甲作案后潜逃，于2005年6月24日在苏州市火车站打电话向沛县公安机关投案。江苏省徐州市中级人民法院认为：被告人谢甲的行为已触犯我国《刑法》第232条之规定，构成故意杀人罪，公诉机关的指控成立。被告人谢乙的行为已触犯我国《刑法》第234条之规定，构成故意伤害罪。并判决如下：以故意杀人罪判处被告人谢甲死刑，缓期2年执行，剥夺政治权利终身；以故意伤害罪判处被告人谢乙有期徒刑12年。

为您说说法

《刑法》第二十五条：共同犯罪是指二人以上共同故意犯罪。

二人以上共同过失犯罪，不以共同犯罪论处；应当负刑事责任的，按照他们所犯的罪分别处罚。

给您提个醒儿

由于本案参与共同犯罪的各犯罪人之间在实施共同犯罪行为之前即已

① 案件来源 江苏省徐州市中级人民法院［2006］徐刑一初字第8号判决书。

形成了共同的犯罪故意，因而属于典型的事前有通谋的故意犯罪的类型。在共同犯罪的犯意联络中，谢乙明确提出了“不要使用家伙”的要求，这一要求属于对共同犯罪行为程度的限定，据此，可以认定在共同犯罪故意的内容上，各共同犯罪人之间形成了明确的实施故意伤害的意思联络。在共同犯罪的实施阶段中，各被告人基于实现共同伤害故意的目的，直接实施了对谢丙、谢戊的故意伤害行为。在共同犯罪实施过程中，谢甲使用其随身携带的凶器（匕首），实施了对谢丙、谢戊的捅刺行为，直接造成了谢丙死亡、谢戊重伤的危害结果。从谢甲所使用的凶器、选择刺杀的部位、刺杀力度以及具体的损害后果来看，显然，谢甲的危害行为已经明显超出了原有共同犯罪故意的范围。这里存在的问题就是，既然承认谢甲、谢乙的行为构成共同犯罪，为什么以不同的罪名对他们定罪？结合以上分析可以得知，谢甲、谢乙事先谋议的是去实行故意伤害的行为，因为谢乙提出了不能使用“家伙”，但是在共同犯罪的实行过程中，谢甲的行为已经超出了共同伤害故意的限制，因此，谢甲、谢乙在故意伤害罪的范围内构成共同犯罪，谢甲应对超出共同犯罪故意的部分单独承担责任。谢甲构成故意杀人罪，谢乙构成故意伤害罪。

9. 张甲的行为算自首吗？[①]

跟您说个事儿

被告人张甲，男，1951 年 8 月 5 日生，因涉嫌犯故意杀人罪，于 1997 年 12 月 19 日被逮捕。被告人张甲与被害人王某之妻张某通奸长达数年。1997 年 12 月 4 日 20 时许，王某回家后见其妻不在家，便去张甲的住处寻找，在张甲的院门外遇见张甲时，因王某询问其妻是否在张甲家中，双方发生口角并互相厮打。王某跑回自己院内，被告人张甲也随即追至王某的院中，用拳猛击王某头部，将王某打倒后又用手扼其颈部，致王某被扼颈窒息死亡。随后被告人张甲恐被王某的家人发现，将尸体拖至距

① 案件来源　最高人民法院刑事审判第一、二、三、四、五庭：《中国刑事审判指导案例 3：侵犯公民人身权利、民主权利罪》，北京，法律出版社，2009。

现场200米处的一空院中。作案后，被告人张甲逃至锡林浩特市，于1997年12月6日由其兄领至锡林浩特市杭盖派出所投案。张甲归案后，在当天的前两次供述中，张甲称被害人是被其猛击头部倒地后因高血压病死亡。在当日的第三次讯问中，张甲才如实供认被害人是被其勒颈致死。内蒙古自治区乌兰察布盟中级人民法院认为：被告人张甲将他人扼颈窒息死亡，其行为已构成故意杀人罪。鉴于被告人张甲具有投案自首情节，对其可以从轻处罚。于1998年8月25日判决如下：被告人张甲犯故意杀人罪，判处死刑，缓期2年执行，剥夺政治权利终身。一审宣判后，被告人张甲服判，不上诉。内蒙古自治区人民检察院乌兰察布盟分院认为：被告人张甲由亲属送至司法机关，不是自己投案；审讯时没有如实供述自己的犯罪事实，避重就轻，推卸责任，自首情节不能成立。遂以“不属投案自首”和“量刑畸轻”为由，向内蒙古自治区高级人民法院提起抗诉。内蒙古自治区高级人民法院经审理认为：原审被告人张甲虽是自首但不足以从轻处罚。终审判决被告人张甲犯故意杀人罪，判处死刑，剥夺政治权利终身。内蒙古自治区高级人民法院依法将此案报送最高人民法院核准。最高人民法院经复核认为：被告人张甲的行为已构成故意杀人罪，依法应予严惩。但鉴于被告人张甲犯罪后投案自首，对其判处死刑，可不立即执行。遂判决被告人张甲犯故意杀人罪，判处死刑，缓期2年执行，剥夺政治权利终身。

为您说说法

《刑法》第六十七条：犯罪以后自动投案，如实供述自己的罪行的，是自首。对于自首的犯罪分子，可以从轻或者减轻处罚。其中，犯罪较轻的，可以免除处罚。

被采取强制措施的犯罪嫌疑人、被告人和正在服刑的罪犯，如实供述司法机关还未掌握的本人其他罪行的，以自首论。

犯罪嫌疑人虽不具有前两款规定的自首情节，但是如实供述自己罪行的，可以从轻处罚；因其如实供述自己罪行，避免特别严重后果发生的，可以减轻处罚。

《最高人民法院关于处理自首和立功具体应用法律若干问题的解释》（1998年5月9日起施行）第一条：根据刑法第六十七条第一款的规定，犯罪以后自动投案，如实供述自己的罪行的，是自首。

（一）自动投案，是指犯罪事实或者犯罪嫌疑人未被司法机关发觉，或者虽被发觉，但犯罪嫌疑人尚未受到讯问、未被采取强制措施时，主动、直接向公安机关、人民检察院或者人民法院投案。

犯罪嫌疑人向其所在单位、城乡基层组织或者其他有关负责人员投案的；犯罪嫌疑人因病、伤或者为了减轻犯罪后果，委托他人先代为投案，或者先以信电投案的；罪行尚未被司法机关发觉，仅因形迹可疑，被有关组织或者司法机关盘问、教育后，主动交代自己的罪行的；犯罪后逃跑，在被通缉、追捕过程中，主动投案的；经查实确已准备去投案，或者正在投案途中，被公安机关捕获的，应当视为自动投案。

并非出于犯罪嫌疑人主动，而是经亲友规劝、陪同投案的；公安机关通知犯罪嫌疑人的亲友，或者亲友主动报案后，将犯罪嫌疑人送去投案的，也应当视为自动投案。

犯罪嫌疑人自动投案后又逃跑的，不能认定为自首。

（二）如实供述自己的罪行，是指犯罪嫌疑人自动投案后，如实交代自己的主要犯罪事实。

犯有数罪的犯罪嫌疑人仅如实供述所犯数罪中部分犯罪的，只对如实供述部分犯罪的行为，认定为自首。

共同犯罪案件中的犯罪嫌疑人，除如实供述自己的罪行，还应当供述所知的同案犯，主犯则应当供述所知其他同案犯的共同犯罪事实，才能认定为自首。

犯罪嫌疑人自动投案并如实供述自己的罪行后又翻供的，不能认定为自首；但在一审判决前又能如实供述的，应当认定为自首。

第三条：根据刑法第六十七条第一款的规定，对于自首的犯罪分子，可以从轻或者减轻处罚；对于犯罪较轻的，可以免除处罚。具体确定从轻、减轻还是免除处罚，应当根据犯罪轻重，并考虑自首的具体情节。

给您提个醒儿

自首分为一般自首和特别自首两种。一般自首是指犯罪分子犯罪以后自动投案，如实供述自己的罪行的行为；特别自首是指被采取强制措施的犯罪嫌疑人、被告人和正在服刑的罪犯，如实供述司法机关还未掌握的本人其他罪行的行为。成立一般自首必须具备以下两个条件：第一，犯罪以后自动投案；第二，如实供述自己的罪行。

在本案中，被告人张甲由其兄领至公安机关投案，归案后直到第三次讯问时，张甲才如实供述故意杀人的事实。张甲的行为究竟是不是自首？根据《最高人民法院关于处理自首和立功具体应用法律若干问题的解释》的规定："并非出于犯罪嫌疑人主动，而是经亲友规劝、陪同投案的；公安机关通知犯罪嫌疑人的亲友，或者亲友主动报案后，将犯罪嫌疑人送去投案的，也应当视为自动投案。""犯罪嫌疑人自动投案并如实供述自己的罪行后又翻供的，不能认定为自首；但在一审判决前又能如实供述的，应当认定为自首。"本案被告人张甲由其兄陪同投案，应视为"自动投案"。在审讯时前两次并没有如实供述，直到第三次讯问时，才如实供述，很显然，此时案件尚处于侦查阶段，属于"在一审判决前"，此时张甲如实供述，应当认定为自首。既然张甲的行为被认定为是自首，根据《刑法》的规定，"可以从轻或者减轻处罚"，但不是必须从轻或者减轻处罚。《解释》第三条对此进行了进一步明确："根据刑法第六十七条第一款的规定，对于自首的犯罪分子，可以从轻或者减轻处罚；对于犯罪较轻的，可以免除处罚。具体确定从轻、减轻还是免除处罚，应当根据犯罪轻重，并考虑自首的具体情节。"这就是说，是否对于自首的犯罪分子从轻、减轻或者免除处罚，要联系犯罪行为的社会危害性和犯罪分子的人身危险性来决定。本案考虑到张甲杀人系因奸情未能依法及时妥善处理致矛盾激化而引发的，与社会上严重危害社会治安的杀人案件相比，社会危害性和人身危险性相对较小。故此，对这一类案件判处死刑应当慎重，最高人民法院的改判是适当的。

第二篇

危害公共安全罪

10. 放火烧自家草垛，也是犯法?
11. 谁烧了我的草垛?
12. 小小烟头莫乱丢，引发火灾法难容
13. 为防止禽畜偷庄稼，在自家菜地投毒反倒毒死了人，该当何罪?
14. 私拉电网防止被偷，电死了人，构成何罪?
15. 偷放他人车辆机油，为何构成破坏交通工具罪?
16. 盗窃使用中的铁路设施，为何构成破坏交通设施罪?
17. 盗割电缆，构成何罪?
18. 拿出家里藏的枪支只是吓唬一下别人，也是犯罪吗?
19. 带雷管上火车，构成何罪?
20. 哪些人在哪些情形下构成交通肇事罪?
21. 醉酒驾驶摩托车，也会坐牢吗?
22. 外出打工要注意，安全生产是第一

10. 放火烧自家草垛，也是犯法？[①]

跟您说个事儿

被告人桂某，男，21岁，农民。

家境不算宽裕的桂某，平时因经济原因与父母时有争吵。1998年10月22日，桂某因过生日向母亲要钱不成而恼羞成怒，当即将家中桌、碗等物摔掉，后在邻居的劝阻下罢手，但桂某仍觉不解恨。次日，为报复父母，竟不顾周围邻人安危，将堆放在自家楼上的柴草点燃，火势蔓延，还幸灾乐祸地袖手旁观。后幸亏村民奋力扑救，才使邻居免去了大火之灾。

为您说说法

《刑法》第一百一十四条：放火、决水、爆炸以及投放毒害性、放射性、传染病病原体等物质或者以其他危险方法危害公共安全，尚未造成严重后果的，处三年以上十年以下有期徒刑。

第一百一十五条：放火、决水、爆炸以及投放毒害性、放射性、传染病病原体等物质或者以其他危险方法致人重伤、死亡或者使公私财产遭受重大损失的，处十年以上有期徒刑、无期徒刑或者死刑。

过失犯前款罪的，处三年以上七年以下有期徒刑；情节较轻的，处三年以下有期徒刑或拘役。

给您提个醒儿

对本案是否构成犯罪有两种不同的意见。一种意见认为，桂某故意放火，应构成放火罪；另一种意见则认为，桂某放火烧的是自己家的财产，没有损害别人的财产，不构成犯罪。任何人对依法属于自己的财产都有处分权，包括将其毁坏或者使其灭失，但这一权利并非绝对。具体到本案，放火烧自己家楼上的柴草进而烧自己的家，本来是可以的，不构成犯罪。但是其行为若损害国家的、社会的、集体的利益和其他公民的合法权利，自应另当别论。从本案的具体情况来看，桂家显然非独家院落，周围还有

① 案件来源　韩玉胜：《刑法各论案例分析》，北京，中国人民大学出版社，2004。

左邻右舍等民宅和其他公共建筑物等。桂家一旦着火，火势蔓延，则必然危及邻里，殃及周围，使公共安全受到严重威胁。桂某纵火烧自己的家，不顾邻里安危，对蔓延的火势可能危及邻里听之任之，放任不管，其在主观方面表现为间接故意。尽管本案中，火被及时发现并控制住，没有导致严重的危害，但是却足以危害公共安全，所以足以认定桂某的行为已构成放火罪，应以放火罪论处。

11. 谁烧了我的草垛?

跟您说个事儿

2009 年 2 月 28 日晚上，家住东港市的马某酒后回家，经过同村人于某家的房屋后面。于某家的房屋后面有一个草垛，马某觉得草垛妨碍自己通行，越想越气，突然想起兜里有打火机，借着酒劲，他拿出打火机将草垛点着，随即一走了之。屋主于某发现着火后开始救火，但因火势较大，于某等人已经无法控制。直到消防员赶到，才将火扑灭。由于火势凶猛，草垛已经烧毁，幸好草垛距离房屋还有一小段距离，没有把房子烧坏，但于某家的后门窗玻璃已经被大火烤碎了。经过各方证人的指证以及各方面证据的确认，马某于同年 7 月 22 日被逮捕。后经法院审理认定：马某故意放火焚烧他人财物，危害公共安全，其行为已构成放火罪，依法判处马某有期徒刑 3 年。

为您说说法

《刑法》第一百一十四条：放火、决水、爆炸以及投放毒害性、放射性、传染病病原体等物质或者以其他危险方法危害公共安全，尚未造成严重后果的，处三年以上十年以下有期徒刑。

第一百一十五条：放火、决水、爆炸以及投放毒害性、放射性、传染病病原体等物质或者以其他危险方法致人重伤、死亡或者使公私财产遭受重大损失的，处十年以上有期徒刑、无期徒刑或者死刑。

过失犯前款罪的，处三年以上七年以下有期徒刑；情节较轻的，处三年以下有期徒刑或拘役。

给您提个醒儿

在本案中，马某仅仅烧毁了于某家的草垛，并没有烧毁房屋、伤及人畜，为何会构成了放火罪？放火罪是危害公共安全罪的主要类型，其侵害的客体是公共安全，即不特定多数人的生命、健康和重大公私财产的安全。所谓放火，是指使用各种引火物，点燃目的物，引起公私财物的燃烧，制造火灾的行为。从理论上来说，只要放火的行为将目的物点燃后，已经达到脱离引燃媒介也能够独立燃烧的程度，即使没有造成实际的危害结果，也应视为放火罪已经实施。一把火能烧毁多少财产，在行为前是无法预料和控制的。放火罪属于危险犯，即只要存在对公共安全构成巨大的威胁，即构成本罪，而并非一定要求造成众多人员的伤亡和公共财产的广泛损失。实施放火行为，尚未造成严重后果的和致人重伤、死亡或者使公私财产遭受重大损失两种不同结果的区别仅在于法定刑不同，但都构成放火罪。

12. 小小烟头莫乱丢，引发火灾法难容[①]

跟您说个事儿

被告人王某，男，22 岁，山东省鄄城县农民。

被告人王某于 1987 年 3 月由山东省来到大兴安岭地区漠河县，经同乡付某介绍，在西林吉林业局河湾林场承包清林。同年 5 月 6 日上午，王某和李某、付某到河湾林场第 38 号林班，在第一小班和第二小班之间的百米道附近清林。上午 10 时 30 分左右，3 人在百米道南侧第一小班内的一小堆径木上休息时，王某点火吸烟。随后，王某将燃着的烟头顺手往身下木头上一按，同李某和付某起身去较远处清林。由于烟头未灭，引燃了周围杂草，并渐渐蔓延。12 时 10 分左右，司机孙某发现百米道南侧第一

① 案件来源　莫洪宪：《刑法案例分析》，北京，高等教育出版社，2008。

小班内的一木堆（即王等3人休息处）附近起火，立即奔赴现场扑救，并呼喊来人灭火。在附近第三小班清林的杨某、刘某等人赶来扑救。终因火势太大，人单力薄，扑救不及，酿成特大火灾。王、付等人发现火情后，也赶到现场灭火。在扑灭火灾中，王某发现起火处是自己吸烟的地方，便要求付某为其隐瞒吸烟的事实，并将剩下的香烟、火柴扔入火中焚毁。由于王某吸烟引起的特大森林火灾，使西林吉、图强和阿木尔3个林业局的10个林场中7个林场的林地着火，3个林场场区被烧毁。同时，烧毁房屋8 549平方米，合计损失193万元；烧毁机械设备36台（件），价值204万元；烧毁商品价值3万余元；烧毁粮食价值3 800余元；烧毁有林面积338 211公顷，林木蓄积量23 676 376立方米，价值11.8381亿元；烧死4人，烧伤4人。

为您说说法

《刑法》第一百一十五条：放火、决水、爆炸以及投放毒害性、放射性、传染病病原体等物质或者以其他危险方法致人重伤、死亡或者使公私财产遭受重大损失的，处十年以上有期徒刑、无期徒刑或者死刑。

过失犯前款罪的，处三年以上七年以下有期徒刑；情节较轻的，处三年以下有期徒刑或拘役。

《最高人民检察院、公安部关于公安机关管辖的刑事案件立案追诉标准的规定（一）》（2008年6月25日）第一条［失火案（刑法第一百一十五条第二款）］过失引起火灾，涉嫌下列情形之一的，应予立案追诉：

（一）造成死亡一人以上，或者重伤三人以上的；

（二）造成公共财产或者他人财产直接经济损失五十万元以上的；

（三）造成十户以上家庭的房屋以及其他基本生活资料烧毁的；

（四）造成森林火灾，过火有林地面积二公顷以上，或者过火疏林地、灌木林地、未成林地、苗圃地面积四公顷以上的；

（五）其他造成严重后果的情形。

给您提个醒儿

失火罪，是指由于行为人的过失而引起火灾，造成严重后果，危害公共安全的行为。结合本案，被告人王某在事故现场进行清林作业，由于该林区是一些单位、居民工作、生产、生活、学习的地方，存放着大量的设备，是房屋较集中的地方，加之森林所蕴涵的巨大财产价值，一旦发生火灾，危险非常大，危害公共安全。从客观上看，被告人休息时，违反森林防火的有关规定，在林区野外吸烟，且未采取完全的熄灭措施即离开，直至酿成火灾。其违反规定在林区野外吸烟的行为，与火灾有直接因果关系，符合失火罪的行为要件。而且，失火行为酿成特大森林火灾，造成特别重大的人身伤亡和财产损失，符合失火罪的结果要件。从主观上看，被告人应当预见在林区野外吸烟有引起火灾的危险，但仅采取了简单的防护措施，轻信能够避免危害结果，而实际上没有防止结果的发生，主观上应属过于自信的过失，符合失火罪的主观要件。被告人和付某等人发现火情后，也赶到现场积极参与灭火，说明被告人主观上并无引起火灾的故意。故此，被告人的行为已经构成了失火罪。因案发时是 1987 年，应适用 1979 年《刑法》关于失火罪的有关规定。

13. 为防止禽畜偷庄稼，在自家菜地投毒反倒毒死了人，该当何罪？[①]

跟您说个事儿

2004 年秋，赵某看着自己辛苦一年种植的蔬菜即将丰收，非常兴奋。但在对菜地的检查中，赵某发现自己的蔬菜有多株存在被野兔啃食过的痕迹。为了防止自己辛苦耕耘的果实再受侵害，赵某想到了一条妙计。

赵某将家中的一些农药用热水化开，并将一些剩馒头、白薯干浸泡其中。之后，将其放置在菜地里，以对付牲畜对蔬菜的破坏。赵某又怕村民会误食这些毒物，特意在村民大会上向村民作了说明，并提醒村民管理好自家饲养的禽畜，以防误食毒物，造成损害。

一周后，赵某的邻居家操办喜事，大摆筵宴。邻村的亲戚们都前来祝贺。这些亲戚们带来的小孩子聚在一起追逐玩耍，热闹非常。到了中午，这些在外疯跑的孩子们已经觉得腹中饥饿，他们发现赵某家的地里有一些晾晒好的白薯干，就都以其充饥，结果纷纷中毒，无一幸免。后经医院抢救，有 3 个孩子终因中毒过深，抢救无效死亡。

① 案件来源 王明、王运声：《危害公共安全、妨害社会管理秩序犯罪案例》，北京，人民法院出版社，2006。

为您说说法

《刑法》第一百一十五条：放火、决水、爆炸以及投放毒害性、放射性、传染病病原体等物质或者以其他危险方法致人重伤、死亡或者使公私财产遭受重大损失的，处十年以上有期徒刑、无期徒刑或者死刑。

过失犯前款罪的，处三年以上七年以下有期徒刑；情节较轻的，处三年以下有期徒刑或拘役。

给您提个醒儿

在本案中，赵某的行为性质如何认定？有观点认为，赵某的行为不是犯罪，因为他在自家菜地投放毒物，其主观目的是要治理毁坏其蔬菜的野兔等禽畜，并非为了毒杀孩子。而其在自家菜地中投放毒物的行为已经由其自己在村民大会上公布于众，可见赵某已经提醒村民注意，做到了必要的防范措施。孩子们的中毒是由于他们的监护人没有对其进行必要的告知所导致的惨剧，赵某不该负刑事责任。另一种观点认为，赵某的行为构成过失投放危险物质罪。虽然孩子们的监护人或许没有对孩子进行必要的提醒，但是，孩子们的死亡毕竟是由于误食了赵某菜地里含毒的白薯干所致，所以赵某无法推卸责任。赵某在自家菜地里放置毒物的事实虽然已经公布于众，但将该事实公开只能在一定范围内起到预防作用，不代表将这些毒物放置于大庭广众之下所引起的危险被消除。因而，赵某行为的危害性是存在的，而导致惨剧的原因和赵某管理不当也有关系。所以，赵某存在重大过失，不能免罪。

赵某的行为应构成过失投放危险物质罪。过失投放危险物质罪，是指过失投放危险物质，致人重伤、死亡或者使公私财产遭受重大损失的行为。本罪危害的客体是公共安全，即不特定多数人的生命、健康和重大公私财产的安全。本案中赵某在菜地里放置含毒的剩馒头、白薯干，危害了不特定多数人的生命和健康，已构成对公共安全的侵害。客观方面表现为，过失投放危险物质，已经造成致人重伤、死亡或者使公私财产遭受重大损失的危害公共安全的后果。行为与造成严重后果之间必须具有刑法意义上的因果关系。行为虽然引起一定结果，但未造成严重危害后果的，不构成犯罪。赵某在自家菜地里放置有毒的剩馒头、白薯干，导致 3 名孩童死亡，数名孩童中毒，符合本罪客观方面的要件。本罪主体为一般主体，即年满 16 周岁具有刑事责任能力的自然人。赵某已经达到刑事责任年龄，并且具备刑事责任能力，符合本罪的主体要件。本罪的主观方面是过失。

可以是疏忽大意的过失，也可以是过于自信的过失。

14. 私拉电网防止被偷，电死了人，构成何罪？[①]

跟您说个事儿

被告人钱某，男，36 岁，某县农民。钱某在自家屋后的自留地里种植了西瓜。2000 年 5 月 20 日，钱某发现自留地里的西瓜少了，心想一定是被别人给偷去了。钱某十分恼火，对其妻刘某说：“再这样下去，我们的西瓜全替别人种了，得想办法治一治。”2000 年 6 月 1 日，钱某在瓜地私自架设了电网，在架设电网的过程中，因不慎致使其本人触电，手抖了一下，险遭伤害。其兄长在场看见了此事，于是就劝钱某不要这样做。但是，钱某不听其兄的劝告，用 12 号铁丝把西瓜地的东、南、西三面围了起来，反复拉了两道，总长 38 米，铁丝一端拴在木柱上，另一端拉了一根胶质线，与屋内电灯插头的火线相接。当日 8 时左右，钱某给铁丝通了电。其妻刘某问他：“把别人电着了有没有危险？”钱某说：“不会吧？”随后又说了一句：“这我管不着。”平常，钱某白天把导线从插头上拔下来，晚上再通上电。6 月 8 日上午，钱某没有把导线插头从灯头上拔下来。当日中午 1 时许，本村村民王某之子（13 岁）去被告人钱某的瓜地捉蜻蜓，结果触电当场死亡。县人民法院经过公开审理认为，被告人钱某在瓜地里私设电网，严重危害公共安全，并造成 1 人死亡的严重后果，其行为已经构成了以危险方法危害公共安全罪，依照《刑法》第一百一十五条第一款、第五十六条第一款的规定，作出如下判决：被告人钱某犯以危险方法危害公共安全罪，判处有期徒刑 10 年，剥夺政治权利 3 年。

为您说说法

《刑法》第一百一十五条第一款：放火、决水、爆炸以及投放毒害性、放射性、传染病病原体等物质或者以其他危险方法致人重伤、死亡或者使公私

① 案件来源 王志亮：《刑法分则案例教程》，北京，北京大学出版社，2005。

财产遭受重大损失的，处十年以上有期徒刑、无期徒刑或者死刑。

第五十六条：对于危害国家安全的犯罪分子应当附加剥夺政治权利；对于故意杀人、强奸、放火、爆炸、投毒、抢劫等严重破坏社会秩序的犯罪分子，可以附加剥夺政治权利。

给您提个醒儿

以危险方法危害公共安全罪，是指使用与放火、决水、爆炸、投放危险物质等危险性相当的其他危险方法，危害公共安全的行为。在本案中，钱某已经达到刑事责任年龄，并具有完全的刑事责任能力，符合本罪主体要件。以危险方法危害公共安全罪在主观方面表现为故意，即行为人明知其实施的危险方法会危害公共安全，会发生危及不特定多数人的生命、健康或公私财产安全的严重后果，并且希望或者放任这种结果发生。实践中，除少数对危害公共安全的后果持希望态度，由直接故意构成外，大多持放任态度，属于间接故意。在本案中，当被告人的妻子问架设电网有没有危险时，被告人钱某先说了一句“不会吧”，然后又说了一句“这我管不着”，从这一事实来看，完全可以说明钱某私架电网在主观上是故意的，即明知架设电网会致人死伤，虽然他不积极追求把人电死的后果，但对发生危害后果采取了放任的态度，属于间接故意，因此，符合以危险方法危害公共安全罪的主观方面要件。钱某没有经过有关部门的审批私设电网，对不知道情况而到钱某田地里的人的人身安全造成了极大的威胁，导致一人死亡的严重后果，侵害了不特定多数人的生命、健康安全，故而，人民法院对于本案的审理结果是完全恰当的。

15. 偷放他人车辆机油，为何构成破坏交通工具罪？[①]

跟您说个事儿

被告人马某，19 岁，来自河南省唐河县。马某因在其担任保安员的

① 案件来源 北京法院网，http://bjgy-old.chinacourt.org/public/detail.php? id=39546。

北京市海淀区某小区西门门口与业主温某发生争执，就对温某怀恨在心。2006年3月17日下午17时许，马某趁温某将其驾驶的小轿车停放在小区路边无人看管之机，将该车油箱内机油放空。后来，温某驾车外出，因机油被放空，导致温某在驾驶过程中汽车机件严重损坏。经鉴定，温某的小轿车修复价格为人民币5 038元。当日，马某被公安机关抓获。

北京一中院审理认为，马某为报复他人，采用放空发动机机油的方法，故意破坏正在使用中的汽车，危害交通运输安全，虽尚未造成严重后果，但其行为已构成破坏交通工具罪，依法应予惩处。考虑到马某在庭审中认罪态度较好，量刑时酌情对其予以从轻处罚。最终，马某犯破坏交通工具罪，被判处有期徒刑3年6个月。

为您说说法

《刑法》第一百一十六条：破坏火车、汽车、电车、船只、航空器，足以使火车、汽车、电车、船只、航空器发生倾覆、毁坏危险，尚未造成严重后果的，处三年以上十年以下有期徒刑。

第一百一十九条：破坏交通工具、交通设施、电力设备、燃气设备、易燃易爆设备，造成严重后果的，处十年以上有期徒刑、无期徒刑或者死刑。

过失犯前款罪的，处三年以上七年以下有期徒刑；情节较轻的，处三年以下有期徒刑或者拘役。

给您提个醒儿

在本案中，被告人马某破坏交通工具的行为，并没有造成严重危害后果，为何还要以破坏交通工具罪定罪处刑？破坏交通工具罪是危害公共安全罪的一种重要表现形式，是一种危险犯，即只要足以使火车、汽车、电车、船只、航空器发生倾覆、毁坏的危险即成本罪已经实施。造成严重后果的，属于本罪的加重处罚情形，会以更重的法定刑加以处罚。本罪侵犯的客体是交通运输安全。本罪的犯罪对象仅限于法定的正在使用中的火车、汽车、电车、船只、航空器等大型的现代化交通工具。本罪在客观方面表现为实施破坏火车、汽车、电车、船只、航空器的行为，并且足以使其发生倾覆、毁坏危险。所谓倾覆，是指车辆倾倒、颠覆、船只翻沉、航空器坠落等。所谓毁坏，是指使交通工具完全报废，或受到严重破坏，以致不能行驶或不能安全行驶。所谓倾覆、毁坏危险则指破坏行为虽未实际造成交通工具倾覆、破坏，但具有使其倾覆、毁坏的实际可能性和危险性。本案中被告人马某为报复他人，采用放空发动机机油的方法，故意破坏正在使用中的汽车，危害交通运输安全，虽未造成严重后果，但其行为已构成破坏交通工具罪，被判处有期徒刑三年六个月的审判结果是恰当的。

16. 盗窃使用中的铁路设施，为何构成破坏交通设施罪？[①]

跟您说个事儿

2008年6月9日至13日间，被告人陈某伙同李某（15岁，已另行处理）先后三次在铁路宣庞线宣化站至赵川站间7千米处，用扳手、铁锤等工具拆盗正在使用中的钢轨接头50KG/M型鱼尾板12块、43KG/M型鱼尾板6块，价值人民币2 352元。2008年6月14日13时许，被告人陈某伙同李某在上述地点，拆盗43KG/M型鱼尾板15块，价值人民币1 590元。次日14时，陈某伙同李某在转移赃物时被民警当场抓获。上述四次拆盗行为，造成宣庞线中断行车2小时19分，直接经济损失8 982.18元。陈某归案后如实供述了全部犯罪事实，协助公安机关抓捕其他犯罪嫌疑人。另查明，钢轨接头鱼尾板是连接钢轨的重要部件，被拆除后足以造成列车脱轨颠覆的重大交通事故。法院经审理认为，被告人陈某以非法占有为目的，盗窃正在使用中的钢轨接头鱼尾板，故意破坏轨道，足以使火车发生倾覆、毁坏危险，尚未造成严重后果，危及了交通运输安全，已构成破坏交通设施罪，应予惩处。鉴于被告人陈某归案后如实供述了公安机关尚未掌握的同种罪行较重的犯罪事实，并有立功表现，对其依法从轻处罚。对陈某犯罪的违法所得，应责令其退赔。依照《刑法》相关规定，判决被告人陈某犯破坏交通设施罪，判处有期徒刑3年。

为您说说法

《刑法》第一百一十七条：破坏轨道、桥梁、隧道、公路、机场、航

① 案件来源 北京法院网，http：//www.110.com/ziliao/article-139759.html。

道、灯塔、标志或者进行其他破坏活动，足以使火车、汽车、电车、船只、航空器发生倾覆、毁坏危险，尚未造成严重后果的，处三年以上十年以下有期徒刑。

第一百一十九条：破坏交通工具、交通设施、电力设备、燃气设备、易燃易爆设备，造成严重后果的，处十年以上有期徒刑、无期徒刑或者死刑。

过失犯前款罪的，处三年以上七年以下有期徒刑；情节较轻的，处三年以下有期徒刑或者拘役。

给您提个醒儿

破坏交通设施罪中的破坏行为只要是针对正在使用的交通设施的整体或重要部件，就可以认定存在危险。据此标准，本案被告人陈某只要实施拆卸正在使用的钢轨接头鱼尾板，即可认定存在危险。陈某以非法占有为目的，以破坏性手段拆卸正在使用的钢轨接头鱼尾板，不仅在客观上实施了破坏交通设施的行为，并造成足以使火车发生倾覆、毁坏的危险状态，在主观上对其行为可能造成的火车发生倾覆、毁坏的危险状态以及危害后果也持有放任的心理态度，完全符合刑法第一百一十七条的规定，以破坏交通设施罪追究其刑事责任是正确的。在日常生活中，切不可因一时贪念而伸出贼手，如本案中，虽然被告人陈某仅仅盗取数额不多的财物，但其行为已经严重危及了交通运输安全，对公共安全形成了巨大威胁。他的行为触犯了刑法关于盗窃罪和破坏交通设施罪的规定，以其中的重罪，即破坏交通设施罪定罪处刑。

17. 盗割电缆，构成何罪？①

跟您说个事儿

2003 年 4 月，田某骑三轮车到邻村麦地边，发现该处设有未通电的

① 案件来源 王明、王运声：《危害公共安全、妨害社会管理秩序犯罪案例》，北京，人民法院出版社，2006。

灌溉设施。田某见四下无人，遂将该村已断闸未通电的灌溉用动力铝线盗割3空，每空3根，共计420米，价值1 600元。半个月后，田某又来到该处，见现场没有变动，随即在动力铝线的接口处再次盗割3空后离去。2004年2月，邻村准备重新开启该灌溉设施，发现电缆被盗，向公安部门报案。田某做贼心虚，遂前往公安局自首。

为您说说法

《刑法》第一百一十八条：破坏电力、燃气或者其他易燃易爆设备，危害公共安全，尚未造成严重后果的，处三年以上十年以下有期徒刑。

给您提个醒儿

破坏电力设备罪，是指故意破坏电力设备，危害公共安全的行为。破坏电力设备的行为不仅损害了电力设备的正常功能，而且往往会引发爆炸、起火、触电等恶性事故，危及不特定多数人的生命、财产安全和生产、生活的正常秩序，是一种严重危害公共安全的犯罪。从司法实践来看，破坏电力设备多是出于贪财图利的动机，如行为人出于非法牟利的动机，盗窃、盗拆正在使用中的电力设备，危及公共安全等。但无论行为人的动机如何，都不影响本罪的成立。根据上述案件中行为当时施行的司法解释即最高人民检察院1986年12月9日《关于破坏电力设备罪几个问题的批复》第二条的规定：该电力线路为灌溉用线路，只是由于非灌溉季节未通电使用，仍应认为是正在使用的电力设备（目前针对该罪名施行的司法解释是最高人民法院2007年8月13日通过的《关于审理破坏电力设备刑事案件具体应用法律若干问题的解释》，其中第四条第一款规定："本解释所称电力设备，是指处于运行、应急等使用中的电力设备；已经通电使用，只是由于枯水季节或电力不足等原因暂停使用的电力设备；已经交付使用但尚未通电的电力设备。不包括尚未安装完毕，或者已经安装完毕但尚未交付使用的电力设备"）。司法解释对于破坏电力设备罪中的"电力设备"作出了前后基本一致的解释。故此，田某所破坏的电力设备应该被视为"正在使用中"的电力设备。破坏电力设备罪的具体行为表现形式有多种，如采用爆炸、放火的方式破坏电力设备、在电力设备中掺入杂物、毁坏电力设备重要部件或者盗割、盗拆电力设备等。上述行为都是作为方式，实际上，不作为方式也能构成本罪。如对电力设备负有保修责任的工作人员，在上班检修电力设备期间，发现重要部件异常或者出现故障，有毁坏电力设备的危险，却故意置之不理，放任危险的发生。该行为也可以构成破坏电力设备罪。

在本案中，田某在主观方面是基于两个连续犯意，支配一个共同的犯罪目的，即盗割灌溉用动力铝线。田某的两次行为属于连续犯，应认定为构成破坏电力设备罪。

18. 拿出家里藏的枪支只是吓唬一下别人，也是犯罪吗？①

跟您说个事儿

被告人秦甲，46岁，家住广西壮族自治区全州县安和乡安和村。2010年7月8日20时许，被告人秦甲听说本村村民秦乙在外讲其家人的怪话，便到秦乙家门前与秦乙夫妇发生争吵，被告人秦甲为吓唬对方，回家持一支鸟枪走到本村道路上的小桥边朝天放一枪。公安机关接到报案后，当晚赶到被告人秦甲家中搜缴其鸟枪一支，并将被告人秦甲拘传归案。经检验，该枪支能正常击发。2010年11月1日，广西壮族自治区全州县人民法院对本案进行宣判，判决被告人秦甲犯非法持有枪支罪，判处有期徒刑一年。被告人秦甲违反枪支管理规定，非法持有枪支一支，其行为已触犯《刑法》第一百二十八条第一款之规定，构成非法持有枪支罪。公诉机关指控的罪名成立。被告人秦甲归案后，认罪态度较好，依法可酌情从轻处罚。依照《中华人民共和国刑法》第一百二十八条第一款和《最高人民法院关于审理非法制造、买卖、运输枪支、弹药、爆炸物等刑事案件具体应用法律若干问题的解释》第五条第一款第二项、第八条第二款之规定，作出如上判决。

为您说说法

《刑法》第一百二十八条第一款：违反枪支管理规定，非法持有、私藏枪支、弹药的，处三年以下有期徒刑、拘役或者管制；情节严重的，处

---

① 案件来源　法律教育网，http：//www. chinalawedu. com/new/1900a21a2010/2010113shangf131326. shtml。

三年以上七年以下有期徒刑。

《最高人民法院关于审理非法制造、买卖、运输枪支、弹药、爆炸物等刑事案件具体应用法律若干问题的解释》（2010 年 1 月 1 日起施行）第五条第一款第二项：具有下列情形之一的，依照刑法第一百二十八条第一款的规定，以非法持有、私藏枪支、弹药罪定罪处罚：

（一）……

（二）非法持有、私藏以火药为动力发射枪弹的非军用枪支一支或者以压缩气体等为动力的其他非军用枪支二支以上的。

第八条第二款：刑法第一百二十八条第一款规定的“非法持有”，是指不符合配备、配置枪支、弹药条件的人员，违反枪支管理法律、法规的规定，擅自持有枪支、弹药的行为。

给您提个醒儿

非法持有枪支、弹药罪，是指违反国家有关枪支、弹药管理规定，非法持有枪支、弹药，危害公共安全的行为。国家对枪支、弹药等特殊物品是有着严格的管理制度的，凡是不符合配备枪支、弹药条件的人员，有携带、使用枪支、弹药行为，达到犯罪标准的，都构成非法持有枪支、弹药罪。

本案中，被告人秦甲不符合配备枪支、弹药的条件，违反国家枪支管理的规定，擅自持有枪支，他的行为构成非法持有枪支罪，应该依照我国《刑法》的相关规定追究刑事责任。

19. 带雷管上火车，构成何罪？[①]

跟您说个事儿

被告人王某，30 岁，云南省广南县人。案发前王某在内蒙古一铜矿从事井下作业工作。王某有心搞些雷管带回地处云南深山的老家炸石头、

① 案件来源 搜狐新闻，http：//news. sohu. com/20090321/n262920791. shtml。

修房屋。于是凭借工作上的便利，他很快准备好157枚雷管，包裹好后放进旅行包内。2008年10月22日，王某在内蒙古临河市乘坐1717次旅客列车抵达成都后，改签了换乘成都至昆明的2639次旅客列车车票。24日下午2时许，他背着行李进入成都车站候车大厅时，其携带的雷管被安检人员查获。审理中，多份证人证言均证明，王某老家系高寒山区，其房屋破烂无法居住，为节省钱财，他才携带爆炸物品回家炸石头、修房屋。最后，法院根据查明的事实和被告人的认罪态度，以非法携带危险物品危及公共安全罪，依法从轻判处有期徒刑2年，缓刑3年。

为您说说法

《刑法》第一百三十条：非法携带枪支、弹药、管制刀具或者爆炸性、易燃性、放射性、毒害性、腐蚀性物品，进入公共场所或者公共交通工具，危及公共安全，情节严重的，处三年以下有期徒刑、拘役或者管制。

《最高人民检察院、公安部关于公安机关管辖的刑事案件立案追诉标准的规定（一）》（2008年6月25日）第七条［非法携带枪支、弹药、管制刀具、危险物品危及公共安全案（刑法第一百三十条）］非法携带枪支、弹药、管制刀具或者爆炸性、易燃性、放射性、毒害性、腐蚀性物品，进入公共场所或者公共交通工具，危及公共安全，涉嫌下列情形之一的，应予立案追诉：

（一）携带枪支一支以上或者手榴弹、炸弹、地雷、手雷等具有杀伤性弹药一枚以上的；

（二）携带爆炸装置一套以上的；

（三）携带炸药、发射药、黑火药五百克以上或者烟火药一千克以上、雷管二十枚以上或者导火索、导爆索二十米以上，或者虽未达到上述数量标准，但拒不交出的；

（四）携带的弹药、爆炸物在公共场所或者公共交通工具上发生爆炸或者燃烧，尚未造成严重后果的；

（五）携带管制刀具二十把以上，或者虽未达到上述数量标准，但拒不交出，或者用来进行违法活动尚未构成其他犯罪的；

（六）携带的爆炸性、易燃性、放射性、毒害性、腐蚀性物品在公共场所或者公共交通工具上发生泄漏、遗洒，尚未造成严重后果的；

（七）其他情节严重的情形。

给您提个醒儿

非法携带枪支、弹药、管制刀具、危险物品危及公共安全罪是指违反有关规定，非法携带枪支、弹药、管制刀具或者爆炸性、易燃性、放射性、毒害性、腐蚀性物品，进入公共场所或者公共交通工具，危及公共安全，情节严重的行为。本罪客体是公共安全。对象是枪支、弹药、管制刀具或者法律规定的危险物品。客观方面表现为非法携带枪支、弹药、管制刀具或者法律规定的危险物品，进入公共场所和公共交通工具的行为。所谓“公共场所”是指火车站、汽车站、广场、公园、影剧院、学校等供公众活动和出入的场所。所谓“公共交通工具”是指航空器、火车、公共汽车、电车和轮船等用于公共交通运输的交通工具。所谓“情节严重”主要是指经常携带屡教不改的；携带危险物品数量大的；在公众活动高峰期携带的等。所携带的危险品可以是上述物品中的任何一种或多种，只要是行为足以危及公共安全，达到情节严重的程度，就可以构成本罪。主体为一般主体。主观方面为故意。动机不影响本罪的成立。

在本案中，被告人王某为炸石头、修房屋而携带157枚雷管上火车，其行为已经危及公共安全，因为雷管一旦在火车上爆炸，后果不堪设想。所以，被告人王某的行为已经构成非法携带危险物品危及公共安全罪，理应追究其刑事责任。

20. 哪些人在哪些情形下构成交通肇事罪？

跟您说个事儿

案例1

2010年12月7日8时许，陈某驾驶湘D2V692三轮摩托车搭载20名上学的小学生，由湖南省衡南县松江镇东塘村往相邻的因果村小学方向行驶。因当天早晨天气大雾，能见度低，陈某操作不当，致使摩托车从因花桥左侧坠入落差4米高的河中，车上的14名小学生被河水溺死，6名小学生被致轻微伤。法院审理认为，陈某违反道路交通管理法规，违规载人，应负事故的全部责任，其行为已构成交通肇事罪。但陈某能如实供述犯罪事实，且当庭自愿认罪，并能尽力施救翻入河中的小学生，应酌情从轻处罚。案发后，被告人陈某未对被害人其及家属进行赔偿，应酌情从重处罚。对此，法院以交通肇事罪对陈某判处有期徒刑6年6个月。①

案例2

2005年11月27日早晨，天还未亮，张某驾驶自家农用四轮机动车，从市区送完货返回，因车灯不亮，张之妻关某在驾驶室帮助丈夫监视路面情况。6点20分左右，当车在公路自南向北行驶时，遇到上学的学生刘某（男，14岁）自东向西骑自行车横穿公路。张某因犯困打盹未发现，机动车将刘某撞倒在公路中心线东侧。张某踩刹车将车停住，关某见状说："现在无人，快跑。"张某闻听，未下车便驾车逃逸。当日约6时25分许，因后来经过该处的其他车辆躲闪不及，将倒在公路中心线附近的刘某当场撞死。

案例3

2002年4月10日晚上约8时许，胡某驾驶私家桑塔纳轿车从其兄家开往县城。由于轿车车灯不合格，且在驾驶中采取紧急措施不力，胡某将一名正在国道上行走的男子当场撞倒在地，不省人事。胡某见此情形，立即把被害人拖上车送到县人民医院抢救。医院值班医生经对被害人初步检查，认为伤情严重，需要进行紧急抢救。并要求胡某为被害人预交住院费。胡某得知被害人有生命危险，又被通知要预交昂贵的住院费，于是未经值班医生的同意，也不办理转院手续，待到次日凌晨1时20分左右，悄悄地把被害人扛出医院放进轿车，开往镇卫生院。凌晨2时30分左右，经卫生院值班医生检查，认为被害人的伤情十分严重，需要抬到镇卫生院住院部的床位上进行全面检查和治疗。此时，胡某见被害人生命垂危又要为被害人预付住院费，便改变主意，把其兄叫来帮忙，将被害人抬上轿车，然后把被害人遗弃在该镇附近的一座山里。11日早晨7时许，胡某前去现场察看，见被害人已经死亡，便把这具男尸就地掩埋了。

案例4

被告人张某，男，45岁。私营企业主。某日早晨，张某命令所雇用的司机王某驾车送自己去外地谈一笔生意。途中，因夜间刚刚下了一场大雪，路面比较滑，司机王某不敢将车开快。张某因急于赶路，一再催王某

① 案件来源　河南在线，http：//hunan. voc. com. cn/article/201105/201105271000302013. html。

“加速，快开，再快点”。但因路滑，加上阴天视线不好，司机王某仍不敢将车开得太快。张某见状便对他说：“放心开，出了事算我的，误了谈生意，责任是你的。”在此情形下，王某不得不加大油门，快速行驶。不久，在与对面驶来的一辆车会车时，由于车速太快、路面打滑，王某驾车驶入逆行车道，结果与对面来车相撞，当场造成2人死亡、1人重伤的重大交通事故。法院在审理此案时认为：张某虽然不是司机，但他凭借主雇关系，强令司机王某违章超速驾驶，以致造成重大伤亡事故，其行为应构成交通肇事罪。

为您说说法

《刑法》第一百三十三条：违反交通运输管理法规，因而发生重大事故，致人重伤、死亡或者使公私财产遭受重大损失的，处三年以下有期徒刑或者拘役；交通运输肇事后逃逸或者有其他特别恶劣情节的，处三年以上七年以下有期徒刑；因逃逸致人死亡的，处七年以上有期徒刑。

《刑法》第二百三十二条：故意杀人的，处死刑、无期徒刑或者十年以上有期徒刑；情节较轻的，处三年以上十年以下有期徒刑。

第二百三十四条第二款：犯前款罪，致人重伤的，处三年以上十年以下有期徒刑；致人死亡或者以特别残忍手段致人重伤造成严重残疾的，处十年以上有期徒刑、无期徒刑或者死刑。本法另有规定的，依照规定。

《最高人民法院关于审理交通肇事刑事案件具体应用法律若干问题的解释》（2000年11月21日起施行）第二条：交通肇事具有下列情形之一的，处三年以下有期徒刑或者拘役：

（一）死亡一人或者重伤三人以上，负事故全部或者主要责任的；

（二）死亡三人以上，负事故同等责任的；

（三）造成公共财产或者他人财产直接损失，负事故全部或者主要责任，无能力赔偿数额在三十万元以上的。

交通肇事致一人以上重伤，负事故全部或者主要责任，并具有下列情形之一的，以交通肇事罪定罪处罚：

（一）酒后、吸食毒品后驾驶机动车辆的；

（二）无驾驶资格驾驶机动车辆的；

（三）明知是安全装置不全或者安全机件失灵的机动车辆而驾驶的；

（四）明知是无牌证或者已报废的机动车辆而驾驶的；

（五）严重超载驾驶的；

（六）为逃避法律追究逃离事故现场的。

第四条：交通肇事具有下列情形之一的，属于“有其他特别恶劣情节”，处三年以上七年以下有期徒刑：

（一）死亡二人以上或者重伤五人以上，负事故全部或者主要责任的；

（二）死亡六人以上，负事故同等责任的；

（三）造成公共财产或者他人财产直接损失，负事故全部或者主要责任，无能力赔偿数额在六十万元以上的。

第五条：“因逃逸致人死亡”，是指行为人在交通肇事后为逃避法律追究而逃跑，致使被害人因得不到救助而死亡的情形。

交通肇事后，单位主管人员、机动车辆所有人、承包人或者乘车人指使肇事人逃逸，致使被害人因得不到救助而死亡的，以交通肇事罪的共犯论处。

第六条：行为人在交通肇事后为逃避法律追究，将被害人带离事故现场后隐藏或者遗弃，致使被害人无法得到救助而死亡或者严重残疾的，应当分别依照刑法第二百三十二条、第二百三十四条第二款的规定，以故意杀人罪或者故意伤害罪定罪处罚。

第七条：单位主管人员、机动车辆所有人或者机动车辆承包人指使、强令他人违章驾驶造成重大交通事故，具有本解释第二条规定情形之一的，以交通肇事罪定罪处罚。

给您提个醒儿

交通肇事罪，是指违反交通运输管理法规，因而发生重大事故，致人重伤、死亡或者使公私财产遭受重大损失的行为。本罪的客体，是交通运输安全。本罪的客观方面，表现为违反交通运输管理法规，因而发生重大事故，致人重伤、死亡或者使公私财产遭受重大损失的行为。首先，必须有在交通运输过程中，违反交通运输管理法规的行为，这是导致交通肇事的原因，也是构成本罪的前提条件。其次，违反交通运输管理法规的行为还必须造成重大事故，导致重伤、死亡或者公私财产重大损失的严重后果。在司法实践中，本罪的主体，主要是从事交通运输的人员，非交通运输人员也可成为本罪的主体。本罪的主观方面，是过失，可以是疏忽大意的过失，也可以是过于自信的过失。

在案例 1 中，被告人陈某违反道路交通管理法规，违规载人，应负事故的全部责任。根据《刑法》第一百三十三条和《最高人民法院关于审理交通肇事刑事案件具体应用法律若干问题的解释》第四条的规定，陈某的行为造成14名小学生死亡，6名小学生轻微伤，属于“死亡二人以上或者重伤五人以上，负事故全部或者主要责任”情形，也属于《刑法》第一百三十三条中的“有其他特别恶劣情节”，应在三年以上七年以下有期徒刑区间内对其处刑。

在案例2中，由于被告人关某的提议，使肇事者张某产生了放任被害人死亡后果发生而逃离现场的故意，致使被害人被后来经过的车辆碾压身亡。关某虽然不是交通运输人员，但是她属于《最高人民法院关于审理交通肇事刑事案件具体应用法律若干问题的解释》第五条中的“乘车人”，指使肇事人逃逸，致使被害人因得不到救助而死亡，构成了交通肇事罪的共犯。并且，属于《刑法》第一百三十三条中“因逃逸致人死亡”情形，关某和张某二人都应在七年以上有期徒刑的法定刑期区间内处刑。

在案例3中，被告人胡某作为司机，在发生交通事故之后，虽然将被害人送到县医院，但由于不愿支付医药费，私自将被害人转移到镇卫生院。在得知被害人生命垂危后，出于不愿交住院费和担心被害人死亡被人发现会加重其刑事责任的主观目的，又将被害人遗弃到山中，见死不救，导致被害人死亡。正是由于胡某的这种遗弃被害人的行为，使得案件的性质发生了变化。因此，胡某的行为符合《最高人民法院关于审理交通肇事刑事案件具体应用法律若干问题的解释》第六条的规定，应当以故意杀人罪追究胡某的刑事责任。

在案例4中，被告人张某虽不是交通运输人员，但作为司机王某的雇主，凭借雇主的身份强令后者违章超速驾驶，违反交通运输管理法规，并因此造成了2人死亡、1人重伤的重大交通事故，符合《最高人民法院关于审理交通肇事刑事案件具体应用法律若干问题的解释》第七条的规定，即张某属于该条规定中的单位主管人员或者机动车辆所有人，指使、强令司机王某违章驾驶，因而造成重大交通事故，具有第二条“死亡一人或者重伤三人以上，负事故全部或者主要责任”的情形，对张某应以交通肇事罪定罪处罚。

21. 醉酒驾驶摩托车，也会坐牢吗？

跟您说个事儿

2011 年 6 月 6 日凌晨，家住四川省内江市东兴区东兴街道龙观村的青年向某，驾驶川 K1143C 两轮摩托车行至红牌路附近时，将下夜班推着自行车的行人苏某撞倒在地，造成行人受伤、自行车损坏的交通事故。内江市交警支队直属二大队特勤中队办案民警赶到现场时，看见向某面目发红，闻到其身上有酒味，经酒精测试仪呼气检测，其血液中酒精浓度为 155.8mg/100ml，已超过醉酒驾驶机动车的标准。随即，民警将向某带往内江市第二人民医院抽取血样，经市公安局物证鉴定所检验，其血液酒精浓度为 185.8mg/100ml，超过醉驾线 1.3 倍。据向某交代，6 月 5 日晚，他与朋友们在市中区一酒店聚餐，一直饮酒至次日凌晨 1 时左右，5 人喝了 15 瓶啤酒，自己喝了 4 瓶左右。聚会结束，向某驾驶借来的两轮摩托车回家。由于当晚下着小雨，视线较差，远处模糊，当行至红牌路时，恰好有几个下夜班回家的工人迎面走来，向某没看清行人便将走在前面推自行车的行人撞伤。根据《刑法》规定，向某的行为涉嫌危险驾驶罪。他将被处 1 至 6 个月拘役，吊销机动车驾驶证，并在 5 年内不得重新取得驾车资格的处罚。

为您说说法

《刑法》第一百三十三条：在道路上驾驶机动车追逐竞驶，情节恶劣的，或者在道路上醉酒驾驶机动车的，处拘役，并处罚金。

有前款行为，同时构成其他犯罪的，依照处罚较重的规定定罪处罚。

给您提个醒儿

醉酒驾驶，是指在醉酒状态下在道路上驾驶机动车的行为。《车辆驾驶人员血液、呼吸酒精含量阈值与检验》规定，车辆驾驶人员血液中的酒精含量大于或者等于 80mg/100ml 的属于醉酒驾驶。故意在醉酒状态下驾驶机动车，即符合本罪的犯罪构成。本罪不需要司法人员具体判断醉酒行为是否具有公共危险。在没有车辆与行人的荒野道路上醉酒驾驶机动车的，因为不具有抽象的危险，不应以本罪论处。醉酒驾驶属于故意犯罪，行为人必须认识到自己是在醉酒状态下驾驶机动车，但是，对于醉酒状态的认识不需要十分具体（不需要认识到血液中的酒精具体含量），只要有大体上的认识即可。只要行为人知道自己喝了一定的酒，事实上又达到了醉酒状态，并驾驶机动车的，就可以认定其具有醉酒驾驶的故意。认为自己只是酒后驾驶而不是醉酒驾驶的辩解，不能排除故意的成立。即使行为人没有主动饮酒（饮料中被他人掺入酒精），但驾驶机动车之前或者之时意识到自己已饮酒的，也应该认定具有醉酒驾驶的故意。当然，如果没有主动饮酒，也没有意识到自己已经饮酒的，排除故意的成立。①

根据有关部门调查统计，自2011年5月1日起，“醉驾入刑”正式实施以后两个月间，某市交警部门共查处醉酒驾驶交通违法行为5起。这5起醉酒驾车案件有3个突出的特点：第一，醉酒驾车的5人均为驾驶两轮摩托车；第二，其中4人都是农村人；第三，5起案例都属于醉驾肇事。“醉驾入刑”实施前及“醉驾入刑”实施以来，全国各大媒体都进行了大量的宣传报道，城区的机动车驾驶员对新法的相关规定比较了解，基本上能做到“酒后不开车，开车不喝酒”。然而，在农村，部分人对酒后驾车在认识上存在误区，认为只有酒后开汽车才会被罚，以为酒后驾驶摩托车便没事。这就使得酒后驾驶摩托车的比酒后驾驶汽车的多。禁止酒后驾车不仅仅指禁止驾驶汽车，还包括禁止驾驶摩托车、拖拉机等其他机动车辆。故此，案例中的向某酒后驾驶摩托车的行为同样构成危险驾驶罪。

22. 外出打工要注意，安全生产是第一

跟您说个事儿

2008年6月，被告人李甲欲在射阳县兴桥镇南庄村四组10KV高压线下，扩建自家经营的冷库。在未征得供电部门同意且未采取安全保护措施的情况下，于同月6日让被告人宋某找工人为其安装彩钢瓦。被告人宋某

① 陈忠强：《浅论危险驾驶罪的构成要件》，中国法制新闻网，http：//www. chinalnn. com/Article/showPrint. asp？ InfoID＝332579&Page＝2。

明知高压线下施工不安全，仍令其雇用的工人徐某、李乙等人为被告人李甲扩建的冷库安装彩钢瓦。2008 年 6 月 10 日 10 时许，徐某、李乙在施工中触电死亡。案发后，被告人李甲、宋某与被害人徐某、李乙的近亲属达成协议，赔偿被害人徐某近亲属经济损失 21 万元，赔偿李乙近亲属经济损失 26 万元。法院审理后认为：被告人李甲在生产中提供的安全生产条件不符合国家规定、被告人宋某强令他人违章冒险作业，因而发生重大伤亡事故，致 2 人死亡，冷库经营者李甲犯重大劳动安全事故罪，依法判处有期徒刑二年，缓刑三年；雇主宋某犯强令违章冒险作业罪，依法判处有期徒刑二年，缓刑三年。被告人李甲、宋某，案发后认罪态度较好，且积极赔偿，得到被害人近亲属的谅解，可酌情从轻处罚，遂依法作出如上判决。

为您说说法

《刑法》第一百三十四条第二款：强令他人违章冒险作业，因而发生重大伤亡事故或者造成其他严重后果的，处五年以下有期徒刑或者拘役；情节特别恶劣的，处五年以上有期徒刑。

第一百三十五条：安全生产设施或者安全生产条件不符合国家规定，因而发生重大伤亡事故或者造成其他严重后果的，对直接负责的主管人员和其他直接责任人员，处三年以下有期徒刑或者拘役；情节特别恶劣的，处三年以上七年以下有期徒刑。

《最高人民检察院、公安部关于公安机关管辖的刑事案件立案追诉标准的规定（一）》（2008 年 6 月 25 日）第九条［强令违章冒险作业案（刑法第一百三十四条第二款）］强令他人违章冒险作业，涉嫌下列情形之一的，应予立案追诉：

（一）造成死亡一人以上，或者重伤三人以上的；

（二）造成直接经济损失五十万元以上的；

（三）发生矿山生产安全事故，造成直接经济损失一百万元以上的；

（四）其他造成严重后果的情形。

第十条［重大劳动安全事故案（刑法第一百三十五条）］安全生产设施或者安全生产条件不符合国家规定，涉嫌下列情形之一的，应予立案追诉：

（一）造成死亡一人以上，或者重伤三人以上的；

（二）造成直接经济损失五十万元以上的；

（三）发生矿山生产安全事故，造成直接经济损失一百万元以上的；

（四）其他造成严重后果的情形。

给您提个醒儿

强令违章冒险作业罪是指强令他人违章冒险作业，因而发生重大伤亡事故或者造成其他严重后果的行为。本罪侵犯的客体是生产、作业安全。在客观方面表现为强令他人违章冒险作业因而发生重大伤亡事故或者造成其他严重后果的行为。具体包括两个构成要素：一是行为人实行了强令他人违章冒险作业的行为。所谓强令他人违章冒险作业，主要是指从事生产、施工、作业管理工作的人员，明知自己的决定违反安全生产、作业的规章制度，可能会发生安全事故，却心存侥幸，自认为不会出事，而强行命令他人违章冒险作业。二是必须因他人被强令违章冒险作业而发生重大伤亡事故或者造成其他严重后果。本罪的主体为一般主体，实践中主要是从事生产、施工、作业等管理工作的人员。本罪的主观上出于过失，即行为人对发生的重大伤亡事故或者造成其他严重后果存在过失心理。

重大劳动安全事故罪，是指安全生产设施或者安全生产条件不符合国家规定，因而发生重大伤亡事故或者造成其他严重后果的行为。本罪侵犯客体是生产、作业场所的人身与财产安全。本罪在客观方面表现为安全设施或者安全生产条件不符合国家规定，因而发生重大伤亡事故或者造成其他严重后果的行为。具体包括两个构成要素：一是安全生产设施或者安全生产条件不符合国家规定。所谓安全生产设施或者安全生产条件不符合国家规定，既包括根本没有装备安全生产设施或根本不具有安全生产条件，也包括虽然装备安全生产设施或具有一定的安全生产条件，但还没有达到国家规定的要求两种情况。二是由于安全生产设施或者安全生产条件不符合国家规定而发生重大伤亡事故或者造成其他严重后果。本罪的主体为一般主体，主观上出于过失，即行为人对发生的重大伤亡事故或者造成的其他严重后果应当预见，由于疏忽大意而没有预见或者虽已预见但轻信能够避免的心理态度。

在本案中，被告人李甲在高压线下扩建冷库，并未征得供电部门同意，也未采取安全保护措施，安全生产设施或者安全生产条件不符合国家规定，因而发生造成两人触电死亡的重大事故，构成重大劳动安全事故罪。被告人宋某明知高压线下施工不安全，仍强令其雇用的工人徐某、李乙等人为被告人李甲的冷库安装彩钢瓦，因而发生重大伤亡事故，构成强令违章冒险作业罪。

第三篇

破坏社会主义市场经济秩序罪

23. 生产、销售有毒、有害食品，国法难容
24. 生产、销售假种子坑农误农，该当何罪?
25. 购买、使用假币，并非发财致富捷径
26. 正确判断非法集资，维护自己合法权益
27. 依法纳税是义务，暴力抗税要受罚
28. 注册商标法律保护，非法仿冒必定受罚
29. 利用合同去诈骗，触犯法律罪难逃
30. 组织、领导非法传销，应承担怎样的刑事责任?
31. 贩卖私盐，也是犯罪?
32. 买卖不成情意在，强买强卖要受罚
33. 出卖“自己”的土地，也犯法吗?

23. 生产、销售有毒、有害食品，国法难容

跟您说个事儿

2011 年 4 月 8 日，一位消费者来到沈阳市公安局皇姑分局龙江派出所举报，称其在市场购买的豆芽气味异常。龙江派出所立即组织警力展开调查，经向摊贩询问及暗访，锁定该货源的加工厂。4 月 17 日，警方赶到地处沈阳市郊区的豆芽加工点进行突击检查，当场查获大量成品、半成品豆芽以及用于生产豆芽的 10 余种药剂，并将涉嫌生产销售有毒、有害食品的犯罪嫌疑人蹇甲、杨某、闵某、蹇乙带回审查。不久，警方又将为他们提供生产豆芽所用化学制剂的供货商张某抓获。据蹇甲、杨某交代，二人系夫妻，辽宁北镇人，自 2008 年开始，他们就雇用同乡闵某做帮工，蹇甲的弟弟蹇乙也在该加工点临时帮忙，使用张某提供的各种化学制剂大量生产豆芽，每日产量达 1 000 余斤，主要销往沈阳市各农贸市场。截至 2011 年 4 月案发，大约生产“毒豆芽”六七十万斤。张某是辽宁辽阳人，在辽阳自家办了一个豆芽激素经销部。2005 年起，他开始为辽宁省内的豆芽加工点提供生产豆芽用的激素、防腐剂、速长剂、漂白粉、防菌剂等化学制剂，累计获利 10 万余元。张某交代，他销售各种药剂已经 6 年多了，客户分布在辽宁沈阳、大连、辽阳、盘锦、铁岭等地，约有 200 多家。这些化学制剂都是从浙江、江苏等地进货，每个月进货额有几千元。经沈阳市产品质量监督检验院鉴定，这些用来加工“毒豆芽”的化学制剂主要成分为尿素、连二亚硫酸钠、6B 苄基腺嘌呤激素，其中一种用于抗菌防腐的不知名制剂，经检测为恩诺沙星。沈阳市卫生局认为，蹇甲等人生产豆芽过程中所使用的恩诺沙星为专用兽药，属于禁止使用和添加的非食用物质，在生产过程中，添加了恩诺沙星的豆芽，对人体健康构成威胁，属有害食品。2011 年 5 月 12 日，沈阳市公安局皇姑分局以涉嫌生产、销售有毒、有害食品罪将犯罪嫌疑人张某、蹇甲、杨某、闵某、蹇乙提请皇姑区检察院批准逮捕。检察机关审查后认为，5 名犯罪嫌疑人均涉嫌生产、销售有毒、有害食品，其中张某、蹇甲、杨某在共同犯罪中起主要作用，系主犯，依法对 3 人批捕；闵某、蹇乙在共同犯罪中所起作用较小，又系初犯，属于情节较轻、无逮捕必要的情形，依法对 2 人不予

批捕。

为您说说法

《刑法》第一百四十四条：在生产、销售的食品中掺入有毒、有害的非食品原料的，或者销售明知掺有有毒、有害的非食品原料的食品的，处五年以下有期徒刑，并处罚金；对人体健康造成严重危害或者有其他严重情节的，处五年以上十年以下有期徒刑，并处罚金；致人死亡或者有其他特别严重情节的，依照本法第一百四十一条的规定（编者注：指处十年以上有期徒刑、无期徒刑或者死刑，并处罚金或者没收财产）处罚。

《最高人民检察院、公安部关于公安机关管辖的刑事案件立案追诉标准的规定（一）》（2008 年 6 月 25 日）第二十条［生产、销售有毒、有害食品案（刑法第一百四十四条）］在生产、销售的食品中掺入有毒、有害的非食品原料的，或者销售明知掺有有毒、有害的非食品原料的食品的，应予立案追诉。

使用盐酸克仑特罗（俗称“瘦肉精”）等禁止在饲料和动物饮用水中使用的药品或者含有该类药品的饲料养殖供人食用的动物，或者销售明知是使用该类药品或者含有该类药品的饲料养殖的供人食用的动物的，应予立案追诉。

明知是使用盐酸克仑特罗等禁止在饲料和动物饮用水中使用的药品或者含有该类药品的饲料养殖的供人食用的动物，而提供屠宰等加工服务，或者销售其制品的，应予立案追诉。

给您提个醒儿

生产、销售有毒、有害食品罪是指违反国家食品卫生管理法规，在生产、销售的食品中掺入有毒、有害的非食品原料的，或者销售明知掺有有毒、有害的非食品原料的食品的行为。本罪侵害的是国家对食品卫生的管理制度和不特定多数人的身体健康、生命安全。具体表现为两种行为：第一，在生产、销售的食品中掺入有毒、有害的非食品原料的行为；第二，销售明知掺有有毒、有害的非食品原料的食品的行为，即行为人本人并未实施在食品中掺入有毒、有害的非食品原料的行为，但明知是掺有有毒、有害的非食品原料的食品仍然予以销售。2011 年 2 月 25 日第十一届全国人大常委会通过的《刑法修正案（八）》对本罪进行了修改。将原先的“造成严重食物中毒事故或者其他严重食源性疾患，对人体健康造成严重危害”改为“对人体健康造成严重危害或者有其他严重情节”，将“致人死亡或者对人体健康造成特别严重危害”改为“致人死亡或者有其他特别严重情节”，即增加了情节犯的规定，并将原先的比例罚金制改为抽象罚金制，提高了对该类犯罪的打击力度。

在本案中，张某为他人生产有毒、有害食品提供激素、防腐剂、速长剂、漂白粉、防菌剂等化学制剂，蹇甲、杨某利用张某提供的化学试剂生产、销售有毒、有害食品，构成了生产、销售有毒、有害食品罪的共犯。根据《刑法》规定，该罪为行为犯，即只要有生产、销售有毒、有害食品的行为，即构成本罪。

24. 生产、销售假种子坑农误农，该当何罪？

跟您说个事儿

被告人陈某，原系安徽省合肥某种子有限公司法定代表人。

2002年9月，陈某与他人合伙成立该公司，2003年下半年欲代理“中棉所29F1”棉种销售事宜未果。同年8月，陈某在河南宁陵县购买“邯郸109”棉种，冒充“中棉所29F1”棉种对外销售，并将“邯郸109”棉种命名为“新中棉所29F1”棉种。2004年8月，陈某以合肥某种子有限公司名义生产、销售的该批棉种因质量问题，导致使用该棉种的安徽省安庆、池州、芜湖、和县等地棉田大面积减产。经查，仅在芜湖、和县两地就给棉农造成直接经济损失近2 000万元。事发后，和县警方将陈某抓获，合肥某种子有限公司停止经营。法院认为，被告人陈某明知其所生产、销售的是假冒棉种，仍一意孤行，使农业生产遭受特别重大损失，其行为已构成生产、销售伪劣种子罪。同时作为公司法定代表人，直接实施了购进、加工、包装、协商使用他人商标、销售等犯罪全过程，应对以该公司名义实施的犯罪行为承担刑事责任。鉴于陈某的犯罪行为给广大棉农造成特别重大损失，且未赔偿经济损失，应予从重惩处。2005年9月18日，巢湖中院一审判决陈某无期徒刑，剥夺政治权利终身，并处没收个人全部财产，违法所得财物予以追缴。

为您说说法

《刑法》第一百四十七条：生产假农药、假兽药、假化肥，销售明知是假的或者失去使用效能的农药、兽药、化肥、种子，或者生产者、销售者以不合格的农药、兽药、化肥、种子冒充合格的农药、兽药、化肥、种子，使生产遭受较大损失的，处三年以下有期徒刑或者拘役，并处或者单处销售金额百分之五十以上二倍以下罚金；使生产遭受重大损失的，处三年以上七年以下有期徒刑，并处销售金额百分之五十以上二倍以下罚金；使生产遭受特别重大损失的，处七年以上有期徒刑或者无期徒刑，并处销售金额百分之五十以上二倍以下罚金或者没收财产。

《最高人民检察院、公安部关于公安机关管辖的刑事案件立案追诉标准的规定（一）》（2008 年 6 月 25 日）第二十三条［生产、销售伪劣农药、兽药、化肥、种子案（刑法第一百四十七条）］生产假农药、假兽药、假化肥，销售明知是假的或者失去使用效能的农药、兽药、化肥、种子，或者生产者、销售者以不合格的农药、兽药、化肥、种子冒充合格的农药、兽药、化肥、种子，涉嫌下列情形之一的，应予立案追诉：

（一）使生产遭受损失二万元以上的；

（二）其他使生产遭受较大损失的情形。

给您提个醒儿

生产、销售伪劣农药、兽药、化肥、种子罪是指生产假农药、假兽药、假化肥，销售明知是假的或者失去效能的农药、兽药、化肥、种子，或者生产者、销售者以不合格的农药、兽药、化肥、种子冒充合格的农药、兽药、化肥、种子，使生产遭受较大损失的行为。

在本案中，被告人陈某明知其所生产、销售的是假冒棉种，使附近地区农业生产遭受特别重大损失，其行为已构成生产、销售伪劣农药、兽药、化肥、种子罪。农业生产是农民生活中的头等大事，并且也关系到国民经济命脉。农药、兽药、化肥、种子都是农民在从事农业生产过程中的重要生产资料。生产、销售伪劣农药、兽药、化肥、种子的行为人，本身并不一定牟利多少，但其行为结果却导致严重影响农业生产，农田大面积减产甚至颗粒无收。不仅损害了广大农民朋友的利益，也会给自己带来牢狱之灾。本案中的被告人陈某，被判处无期徒刑，终身只能在牢狱之中度过。

25. 购买、使用假币，并非发财致富捷径①

跟您说个事儿

被告人张某，31 岁，农民。

2002 年 2 月中旬的一天，被告人张某在与甲、乙、丙等人一起从贵州省遵义市乘火车到重庆的途中，购得总面额 1 万余元的假人民币。到达重庆住处后，被告人张某向甲、乙、丙提出到合川用假人民币来换取真人民币。甲等人均同意。同月 21 日上午，被告人张某与甲、乙、丙乘车到合川市沙鱼镇五村村民罗某商店，由甲用一张面额 100 元的假人民币购买红梅香烟一包，获取真人民币 95 元。被告人张某一伙又到周某商店，仍由甲用一张面额 100 元的假人民币购买挂面时，被店主周某和村民林某识破。林某向当地派出所报案后，公安民警赶来将被告人张某一伙抓获。分别从被告人张某和甲、乙身上搜查出面额 100 元的假币 94 张，加之他们丢弃在地的面额 100 元的假币 13 张及在被害人罗某处提取的 1 张，总计 108 张，经中国人民银行合川市支行鉴定均为假币。被告人张某被法院以购买假币罪判处有期徒刑 1 年 6 个月，并处罚金人民币 3 万元。

为您说说法

《刑法》第一百七十一条第一款：出售、购买伪造的货币或者明知是伪造的货币而运输，数额较大的，处三年以下有期徒刑或者拘役，并处二万元以上二十万元以下罚金；数额巨大的，处三年以上十年以下有期徒刑，并处五万元以上五十万元以下罚金；数额特别巨大的，处十年以上有期徒刑或者无期徒刑，并处五万元以上五十万元以下罚金或者没收财产。

第一百七十二条：明知是伪造的货币而持有、使用，数额较大的，处三年以下有期徒刑或者拘役，并处或者单处一万元以上十万元以下罚金；数额巨大的，处三年以上十年以下有期徒刑，并处二万元以上二十万元以下罚金；数额特别巨大的，处十年以上有期徒刑，并处五万元以上五十万元以下罚金或者没收财产。

---

① 案件来源 中华人民共和国最高人民法院刑事审判第一庭、第二庭：《刑事审判参考》(2002 年第 4 辑)，北京，法律出版社，2002。

《最高人民法院关于审理伪造货币等案件具体应用法律若干问题的解释》（2000年9月14日起施行）第二条第一款：行为人购买假币后使用，构成犯罪的，依照刑法第一百七十一条的规定，以购买假币罪定罪，从重处罚。

《最高人民检察院、公安部关于公安机关管辖的刑事案件立案追诉标准的规定（二）》（2010年5月7日）第二十条［出售、购买、运输假币案（刑法第一百七十一条第一款）］出售、购买伪造的货币或者明知是伪造的货币而运输，总面额在四千元以上或者币量在四百张（枚）以上的，应予立案追诉。

给您提个醒儿

本案中，张某和甲、乙、丙3个人实施的犯罪行为中，购买、持有、使用假币的行为针对的对象是一致的，都是张某在从贵州省遵义市乘火车到重庆的途中购得的总面额1万余元的假人民币。因此，对于张某来说，持有行为就不具有独立意义了，因为其实施了购买行为和使用行为，因此从罪数形态的理论上说，构成了购买假币罪和使用假币罪的牵连犯，根据最高人民法院的司法解释，按照购买假币罪从重处罚。而甲、乙、丙3个人并没有参与张某的购买行为，是在犯罪行为进行到持有、使用假币的阶段后才加入的，这3个人都知道假币的来历和数额，决定共同实施使用假币的行为，这种使用假币的共同犯罪形态针对的仍然是全部的假币，所以持有假币的行为也不具有独立性，对这3个人应当认定为使用假币罪，而不是持有、使用假币罪。

26. 正确判断非法集资，维护自己合法权益

跟您说个事儿

51岁的汪某是辽宁省盖州市某村人。2002年5月至2004年12月，汪某以盖州市宇晨养殖场、营口东华生态养殖公司等企业的名义，在未经国家金融管理部门批准、无资金保证能力的情况下，以高额回报（许诺

每人只要花一万块钱，从他们那里买两箱蚂蚁拿回家养，一年就能获得4 000元的回报）为诱饵，采取用后笔集资款兑付前笔集资款本金和利息的手段，诱骗蚂蚁养殖户与其所属公司签订《蚂蚁养殖购销合同》共计109 161 份，非法募集资金人民币 29. 9499 亿元。上述资金中，除偿还部分养殖户本金 14. 755 亿元及支付高额利息 7. 2147 亿元、东华集团下属企业占用 1. 9959 亿元外，剩余款项被汪某个人以广告宣传、企业庆典、赞助、偿还个人贷款、借给个人或单位使用等各种形式支出，案发前尚有7. 9802 亿元无法返还。汪某的行为已构成集资诈骗罪，诈骗数额特别巨大，并造成特别巨大经济损失，还导致 1 人自杀身亡，犯罪情节特别恶劣。汪某因涉嫌集资诈骗罪，2005 年 7 月被批准逮捕。2007 年 2 月，营口市中级人民法院以汪某犯集资诈骗罪，判处其死刑、剥夺政治权利终身，并处没收个人全部财产。汪某对一审刑事部分判决不服，提出上诉。2007 年 11 月，辽宁省高级人民法院二审裁定驳回上诉、维持原判。东华集团集资诈骗案的其他 15 名涉案人员也被依法分别判处 10 年至 5 年不等的有期徒刑，并处 50 万元至 10 万元不等的罚金。

为您说说法

《刑法》第一百九十二条：以非法占有为目的，使用诈骗方法非法集资，数额较大的，处五年以下有期徒刑或者拘役，并处二万元以上二十万元以下罚金；数额巨大或者有其他严重情节的，处五年以上十年以下有期徒刑，并处五万元以上五十万元以下罚金；数额特别巨大或者有其他特别严重情节的，处十年以上有期徒刑或者无期徒刑，并处五万元以上五十万元以下罚金或者没收财产。

《刑法》第一百九十九条：犯本节第一百九十二条规定之罪，数额特别巨大并且给国家和人民利益造成特别重大损失的，处无期徒刑或者死刑，并处没收财产。

《最高人民检察院、公安部关于公安机关管辖的刑事案件立案追诉标准的规定（二）》（2010 年 5 月 7 日）第四十九条［集资诈骗案（刑法第一百九十二条）］以非法占有为目的，使用诈骗方法非法集资，涉嫌下列情形之一的，应予立案追诉：

（一）个人集资诈骗，数额在十万元以上的；

（二）单位集资诈骗，数额在五十万元以上的。

《最高人民法院关于审理非法集资刑事案件具体应用法律若干问题的

解释》第一条：违反国家金融管理法律规定，向社会公众（包括单位和个人）吸收资金的行为，同时具备下列四个条件的，除刑法另有规定的以外，应当认定为刑法第一百七十六条规定的“非法吸收公众存款或者变相吸收公众存款”：

（一）未经有关部门依法批准或者借用合法经营的形式吸收资金；

（二）通过媒体、推介会、传单、手机短信等途径向社会公开宣传；

（三）承诺在一定期限内以货币、实物、股权等方式还本付息或者给付回报；

（四）向社会公众即社会不特定对象吸收资金。

未向社会公开宣传，在亲友或者单位内部针对特定对象吸收资金的，不属于非法吸收或者变相吸收公众存款。

第二条：实施下列行为之一，符合本解释第一条第一款规定的条件的，应当依照刑法第一百七十六条的规定，以非法吸收公众存款罪定罪处罚：

（一）不具有房产销售的真实内容或者不以房产销售为主要目的，以返本销售、售后包租、约定回购、销售房产份额等方式非法吸收资金的；

（二）以转让林权并代为管护等方式非法吸收资金的；

（三）以代种植（养殖）、租种植（养殖）、联合种植（养殖）等方式非法吸收资金的；

（四）不具有销售商品、提供服务的真实内容或者不以销售商品、提供服务为主要目的，以商品回购、寄存代售等方式非法吸收资金的；

（五）不具有发行股票、债券的真实内容，以虚假转让股权、发售虚构债券等方式非法吸收资金的；

（六）不具有募集基金的真实内容，以假借境外基金、发售虚构基金等方式非法吸收资金的；

（七）不具有销售保险的真实内容，以假冒保险公司、伪造保险单据等方式非法吸收资金的；

（八）以投资入股的方式非法吸收资金的；

（九）以委托理财的方式非法吸收资金的；

（十）利用民间“会”、“社”等组织非法吸收资金的；

（十一）其他非法吸收资金的行为。

第四条：以非法占有为目的，使用诈骗方法实施本解释第二条规定所列行为的，应当依照刑法第一百九十二条的规定，以集资诈骗罪定罪处罚。

使用诈骗方法非法集资，具有下列情形之一的，可以认定为“以非法占有为目的”：

（一）集资后不用于生产经营活动或者用于生产经营活动与筹集资金规模明显不成比例，致使集资款不能返还的；

（二）肆意挥霍集资款，致使集资款不能返还的；

（三）携带集资款逃匿的；

（四）将集资款用于违法犯罪活动的；

（五）抽逃、转移资金、隐匿财产，逃避返还资金的；

（六）隐匿、销毁账目，或者搞假破产、假倒闭，逃避返还资金的；

（七）拒不交代资金去向，逃避返还资金的；

（八）其他可以认定非法占有目的的情形。

集资诈骗罪中的非法占有目的，应当区分情形进行具体认定。行为人部分非法集资行为具有非法占有目的的，对该部分非法集资行为所涉集资款以集资诈骗罪定罪处罚；非法集资共同犯罪中部分行为人具有非法占有目的，其他行为人没有非法占有集资款的共同故意和行为的，对具有非法占有目的的行为人以集资诈骗罪定罪处罚。

第五条：个人进行集资诈骗，数额在 10 万元以上的，应当认定为“数额较大”；数额在 30 万元以上的，应当认定为“数额巨大”；数额在 100 万元以上的，应当认定为“数额特别巨大”。

单位进行集资诈骗，数额在 50 万元以上的，应当认定为“数额较大”；数额在 150 万元以上的，应当认定为“数额巨大”；数额在 500 万元以上的，应当认定为“数额特别巨大”。

集资诈骗的数额以行为人实际骗取的数额计算，案发前已归还的数额应予扣除。行为人为实施集资诈骗活动而支付的广告费、中介费、手续费、回扣，或者用于行贿、赠与等费用，不予扣除。行为人为实施集资诈骗活动而支付的利息，除本金未归还可予折抵本金以外，应当计入诈骗数额。

第八条第二款：明知他人从事欺诈发行股票、债券，非法吸收公众存款，擅自发行股票、债券，集资诈骗或者组织、领导传销活动等集资犯罪活动，为其提供广告等宣传的，以相关犯罪的共犯论处。

给您提个醒儿

集资诈骗罪是指以非法占有为目的，使用诈骗方法非法集资，数额较大的行为。本罪的客体，是复杂客体，即是国家正常的金融管理秩序和公私财产所有权。集资诈骗行为一方面以“集资”的形式非法进入金融市场，以高利率、高回报的方式非法吸收社会上的资金，影响了金融资金的流向，破坏了正常的金融管理秩序；另一方面，该种行为以“集资”名义诈骗他人钱财，非法占有他人资金，严重侵害了公私财产所有权。本罪的客观方面，表现为使用诈骗的方法进行非法集资，数额较大的行为。首先，使用虚构事实，隐瞒真相的诈骗方法。所谓诈骗方法，是指行为人采取虚构集资用途，以虚假的证明文件、良好的经济效益和高回报率为诱饵，骗取集资款的手段。如本案中，被告人汪某许诺投资者每人只要花一万元钱，从他们那里买两箱蚂蚁拿回家养，一年就能获得 4 000 元的回报，投资回报率高达40%。而如此高额回报迟早会导致资金链断裂，损害集资者的合法权益。其次，实施了非法集资的行为。所谓非法集资，是指法人、其他组织或者个人，未经有权机关批准，向社会公众募集资金的行为。最后，构成本罪还必须是非法集资“数额巨大”。根据《最高人民检察院、公安部关于公安机关管辖的刑事案件立案追诉标准的规定(二)》第四十九条：以非法占有为目的，使用诈骗方法非法集资，涉嫌下列情形之一的，应予立案追诉：（一）个人集资诈骗，数额在十万元以上的；（二）单位集资诈骗，数额在五十万元以上的。本案中，被告人汪某非法募集资金数额接近人民币 30 亿元，属于“数额特别巨大并且给国家和人民利益造成特别重大损失”，因而，人民法院对于本案的审理结果是十分恰当的。本罪的主体，既可以是自然人，也可以是单位。本罪的主观方面，只能由故意构成，并且行为人还必须具有非法占有集资款的目的，否则不能构成本罪。

本案中，被告人汪某在未经国家金融管理部门批准、无资金保证能力的情况下，以高额回报为诱饵，采取用后笔集资款兑付前笔集资款本金和利息的手段，诱骗蚂蚁养殖户与其所属公司签订《蚂蚁养殖购销合同》，非法向社会公众募集资金人民币 29.9499 亿元，达到“数额巨大”。汪某的行为已构成集资诈骗罪，并造成特别巨大经济损失，还导致 1 人自杀身亡，犯罪情节特别恶劣。

27. 依法纳税是义务，暴力抗税要受罚[①]

跟您说个事儿

被告人赵某，男，39 岁，江苏省某县人，个体屠宰户；

被告人邵某，男，32 岁，江苏省某县人，个体屠宰户。

1998 年 9 月 21 日下午，被告人赵某买了一头猪，22 日早上在他人帮助下宰杀，销售了一部分，然后将剩余的一部分拿到市场东头摊位上销售。22 日上午 9 时许，被告人赵某看到五段镇税务所的所长秦某和专管员徐某从市场北面过来检查申报纳税情况，便将猪肉藏在附近的三轮车内，自己躲在一边。当秦、徐二人查出了被告人赵某隐藏的猪肉时，赵某走到秦面前，谎称："是我给别人买的肉，不能拿。"秦所长对赵进行教育，要求其依法纳税，赵根本不听，拒不缴纳税款。后来在围观群众舆论的压力下，被告人赵某跟秦所长等人到了税务所。这时赵某仍以给别人买的猪肉为借口，长时间纠缠，就是不缴税款。秦所长被缠无奈，便对赵说："你给谁买的肉，买多少斤，回去叫他来拿。"赵某回家指使张某作伪证，结果被秦所长当场揭穿骗局，被告人赵某恼羞成怒，骂秦所长："你是孬种，你们一窝子孬种。"叫骂不止。此后，被告人赵某伙同其外甥邵某又到五段镇税务所，破口骂一些不堪入耳的脏话。秦所长和专管员马某从楼上下来时，赵某威胁道："你要我钱，我就要你命！我给你钱，给你银子！不砍死你，我跟你姓。"说着便举刀向秦所长砍去，当即被他人抱住。两被告人在税务所吵闹达两个多小时，直到被派出所的人带走才罢休。

为您说说法

《刑法》第二百零二条：以暴力、威胁方法拒不缴纳税款的，处三年以下有期徒刑或者拘役，并处拒缴税款一倍以上五倍以下罚金；情节严重的，处三年以上七年以下有期徒刑，并处拒缴税款一倍以上五倍以下罚金。

第二百一十二条：犯本节第二百零一条至第二百零五条规定之罪，被判处罚金、没收财产的，在执行前，应当先由税务机关追缴税款和所骗取

① 案件来源 "国税视窗"的"以案说法"栏目，http：//www. rdtax. gov. cn/sasf-31. htm。

的出口退税款。

《最高人民检察院、公安部关于公安机关管辖的刑事案件立案追诉标准的规定（二）》（2010年5月7日）第五十八［抗税案（刑法第二百零二条）］以暴力、威胁方法拒不缴纳税款，涉嫌下列情形之一的，应予立案追诉：

（一）造成税务工作人员轻微伤以上的；

（二）以给税务工作人员及其亲友的生命、健康、财产等造成损害为威胁，抗拒缴纳税款的；

（三）聚众抗拒缴纳税款的；

（四）以其他暴力、威胁方法拒不缴纳税款的。

给您提个醒儿

从犯罪客体来看，抗税罪侵害的客体是复杂客体，既侵犯了国家的税收征管制度，也侵犯了执行征税职务的税务人员的人身权利。其犯罪对象包括依法应缴纳的税款及依法征税的税务人员。从客观方面来看，抗税罪必须表现为以暴力、威胁方法拒不缴纳税款的行为。所谓“暴力”，是指犯罪分子对他人身体实施袭击或者使用其他强暴手段，如殴打、伤害、捆绑、禁闭等足以危及他人人身安全的行为；所谓“威胁”，是指犯罪分子对他人进行威胁、恫吓，达到精神上的强制，使用他人不能抗拒的手段，如手持凶器威吓，扬言行凶报复、揭发隐私、毁坏名誉、加害亲属等。本案被告人赵某拒不缴纳税款，还长时间纠缠、辱骂税务人员，甚至还持刀威胁税务人员，并举刀砍人，已经危及税务人员的人身安全，情节恶劣，其行为属于暴力和威胁方法，符合抗税罪的客观方面要件。抗税罪的犯罪主体是特殊主体，只能由纳税义务人和扣缴义务人构成，但不包括单位。本案中，被告人赵某显然已达到刑事责任年龄，具有刑事责任能力，从事个体屠宰生意，是纳税义务人，实施了抗税行为，符合抗税罪的主体要件。从犯罪主观方面来看，抗税罪必须是出于直接故意，即明知负有纳税义务而故意抗拒缴纳税款，并且具有通过暴力、威胁方法公开拒不缴纳税款、非法获利的目的。

本案中，被告人赵某看到税务人员过来检查申报纳税情况时，即将猪肉藏在附近的三轮车内，自已躲在一边，明知负有纳税义务而故意抗拒缴纳税款，主动自愿实施抗拒缴纳税款的行为，属于犯罪直接故意，并且具有通过暴力、威胁方法公开拒不缴纳税款、非法获利的目的，符合抗税罪的主观方面要件。综上所述，本案中被告人赵某的行为构成抗税罪。

28. 注册商标法律保护，非法仿冒必定受罚

跟您说个事儿

被告人刘某，山东省即墨市某村人。

2009 年年底，刘某发现制售假冒白酒很赚钱，为了隐蔽，刘某在即墨市普东镇一村庄找了一处房子，建起一个生产假冒白酒的作坊，并找来四名工人，按照客户需要加工生产各种假冒注册商标的白酒。这些贴牌假冒品牌白酒主要销往农村市场。刘某从酒厂购买了原酒，又购买了酒盖、商标、包装盒等，大量制作假冒白酒。刘某自己负责将原酒等材料按比例勾兑，贴牌装箱等由作坊里的工人完成。刘某私自假冒各种畅销白酒注册商标，包括“景芝白酒”、“老村长”、“稻花香”等。2010 年 12 月 8 日，接到举报后，即墨市公安局会同即墨质监局执法人员一举端掉了这个制假售假窝点，当场查获假冒注册商标白酒 503 箱，共计 4 823 瓶，另外还查获假冒标签等若干。经过调查，该窝点 1 年内已经销售白酒 19 万元。

为您说说法

《刑法》第二百一十三条：未经注册商标所有人许可，在同一种商品上使用与其注册商标相同的商标，情节严重的，处三年以下有期徒刑或者拘役，并处或者单处罚金；情节特别严重的，处三年以上七年以下有期徒刑，并处罚金。

《最高人民检察院、公安部关于公安机关管辖的刑事案件立案追诉标准的规定（二）》（2010 年 5 月 7 日）第六十九条［假冒注册商标案（刑法第二百一十三条）］未经注册商标所有人许可，在同一种商品上使用与其注册商标相同的商标，涉嫌下列情形之一的，应予立案追诉：

（一）非法经营数额在五万元以上或者违法所得数额在三万元以上的；

（二）假冒两种以上注册商标，非法经营数额在三万元以上或者违法

所得数额在二万元以上的；

（三）其他情节严重的情形。

给您提个醒儿

《最高人民法院、最高人民检察院、公安部关于办理侵犯知识产权刑事案件适用法律若干问题的意见》第五条规定，名称相同的商品以及名称不同但指同一事物的商品，可以认定为“同一种商品”。“名称”是指国家工商行政管理总局商标局在商标注册工作中对商品使用的名称，通常即《商标注册用商品和服务国际分类》中规定的商品名称。“名称不同但指同一事物的商品”是指在功能、用途、主要原料、消费对象、销售渠道等方面相同或者基本相同，相关公众一般认为是同一种事物的商品。认定“同一种商品”，应当在权利人注册商标核定使用的商品和行为人实际生产销售的商品之间进行比较。第六条规定：具有下列情形之一，可以认定为“与其注册商标相同的商标”：（一）改变注册商标的字体、字母大小写或者文字横竖排列，与注册商标之间仅有细微差别的；（二）改变注册商标的文字、字母、数字等之间的间距，不影响体现注册商标显著特征的；（三）改变注册商标颜色的；（四）其他与注册商标在视觉上基本无差别、足以对公众产生误导的商标。

本案中，被告人刘某未经注册商标所有人许可，按照客户需要从酒厂购买了原酒，又购买了酒盖、商标、包装盒等，大量制作假冒白酒，向市场销售，在同一种商品上使用与其注册商标相同的商标，已经达到“情节严重”的程度，依法应追究其刑事责任。

29. 利用合同去诈骗，触犯法律罪难逃[①]

跟您说个事儿

被告人孙某，天津市静海县养殖户。

① 案件来源　网易新闻，http：//news. 163. com/10/0429/19/65FA9RG500014AED. html。

2007 年 9 月 12 日，被告人孙某伙同张某（已判刑），出于诈骗目的，由张某与天津某禽业公司的“代理龙头”薛某订立了肉鸡放养回收协议。约定由薛某所在的公司提供鸡雏、饲料及药品，张某负责养殖，鸡长大后由薛某的公司收购。作为成本投入的鸡雏、饲料及药品，待回收成鸡时再折抵价款。薛某被骗订立协议后，为张某和孙某在静海县双塘镇的养殖点送去了价值 4.77 万元的鸡雏 10 600 只，价值 10 万余元的饲料，和价值 3.4 万余元的鸡用药品。过了 40 余天肉鸡养成，孙某与张某按事先预谋，准备将成鸡偷卖给他人。除其中仅有的 7 280 公斤成鸡在偷卖过程中，因被薛某发现，由薛某以 5.46 万元收购，折抵了部分雏鸡、饲料、药款外，其余成鸡均被张某和孙某暗中卖掉。之后，孙某携所卖鸡款藏匿。2009 年 9 月 29 日，他被警方抓获归案。天津市静海县法院经审理认为，被告人孙某以非法占有为目的，伙同他人在合同签订、履行过程中，骗取对方当事人价值较大的财产。并且在变卖后携款逃匿，使被害人蒙受损失，其行为已构成合同诈骗罪。鉴于其在庭审中能基本供认所犯罪行，可酌情从轻处罚，判处孙某有期徒刑 1 年 2 个月。

为您说说法

《刑法》第二百二十四条：有下列情形之一，以非法占有为目的，在签订、履行合同过程中，骗取对方当事人财物，数额较大的，处三年以下有期徒刑或者拘役，并处或者单处罚金；数额巨大或者有其他严重情节的，处三年以上十年以下有期徒刑，并处罚金；数额特别巨大或者有其他特别严重情节的，处十年以上有期徒刑或者无期徒刑，并处罚金或者没收财产：

（一）以虚构的单位或者冒用他人名义签订合同的；

（二）以伪造、变造、作废的票据或者其他虚假的产权证明作担保的；

（三）没有实际履行能力，以先履行小额合同或者部分履行合同的方法，诱骗对方当事人继续签订和履行合同的；

（四）收受对方当事人给付的货物、货款、预付款或者担保财产后逃匿的；

（五）以其他方法骗取对方当事人财物的。

《最高人民检察院、公安部关于公安机关管辖的刑事案件立案追诉标准的规定（二）》（2010 年 5 月 7 日）第七十七条［合同诈骗案（刑法第二百二十四条)] 以非法占有为目的，在签订、履行合同过程中，骗取对方当事人财物，数额在二万元以上的，应予立案追诉。

给您提个醒儿

合同诈骗罪是指以非法占有为目的，在签订、履行合同过程中，采取虚构事实或者隐瞒真相等欺骗手段，骗取对方当事人的财物，数额较大的行为。本罪的客体，是复杂客体，即国家对经济合同的管理秩序和公私财产所有权。本罪的对象是公私财物。本罪的客观方面，表现为在签订、履行合同过程中，以虚构事实或者隐瞒真相的方法，骗取对方当事人财物，数额较大的行为。首先，根据《刑法》第二百二十四条，本罪的诈骗行为表现为下列五种形式：(1) 以虚构单位或者冒用他人的名义签订合同的。(2) 以伪造、变造、作废的票据或者其他虚假的产权证明作担保的。这里所称的票据，主要指能作为担保凭证的金融票据，即汇票、本票和支票等。所谓其他产权证明，包括土地使用权证、房屋所有权证以及能证明动产、不动产的各种有效证明文件。(3) 没有实际履行能力，以先履行小额合同或者部分履行合同的方法，诱骗对方当事人继续签订和履行合同的。(4) 收受对方当事人给付的货物、货款、预付款或者担保财产后逃匿的。(5) 以其他方法骗取对方当事人财物的。这里所说的其他方法，是指在签订、履行经济合同过程中使用的上述四种方法以外，以经济合同为手段、以骗取合同约定的由对方当事人交付的货物、货款、预付款、或者定金以及其他担保财物为目的的一切手段。行为人只要实施上述一种诈骗行为，便可构成本罪。其次，诈骗对方当事人财物必须数额较大，数额较大的标准，根据《最高人民检察院、公安部关于公安机关管辖的刑事案件立案追诉标准的规定（二)》的规定，是指骗取对方当事人财物，数额在二万元以上的。本罪的主体，个人或单位均可构成。本罪的主观方面，表现为直接故意，并且具有非法占有对方当事人财物的目的。

在本案中，被告人孙某伙同张某出于非法占有他人财物目的，与薛某订立了肉鸡放养回收协议，骗取价值4.77万元的鸡雏10 600只，价值10万余元的饲料和价值3.4万余元的鸡用药品，已经达到了数额较大标准，且将成鸡偷卖给他人，孙某还携所卖鸡款藏匿，应以合同诈骗罪追究孙某的刑事责任。

30. 组织、领导非法传销，应承担怎样的刑事责任？

跟您说个事儿

被告人陈甲，黑龙江省肇源县人。

陈甲于2002年8月成立了辽宁万里大造林有限公司。自2004年1月起，陈甲、刘某又相继成立了内蒙古万里大造林有限公司、内蒙古万里大农业有限公司、山东万里大造林有限公司、山东万里大农业有限公司、内蒙古天地通林业有限公司、中国万里大造林集团有限公司等系列公司。大造林公司在内蒙古、辽宁、山东、河北、黑龙江、吉林等地通过承包或租赁的方式，取得土地使用权，自行种植杨树幼林或者直接购进有林地。陈甲、刘某策划、组织、领导吴某、陈乙、陈丙、陈丁等人在内蒙古、北京、黑龙江、河北、辽宁、吉林、天津、山东等12个省、自治区、直辖市，积极组织、建立、发展传销网络和传销团队，通过媒体广告、散发传单、集会宣传等方式大肆进行虚假宣传，以传销方式销售林地。2002年9月至2007年8月期间，被告人陈甲、刘某组织领导的传销团队共销售林地43万多亩、林木38 013株，非法经营额为人民币12.79亿余元，发展“客户”3万余人。在销售林地过程中，通过发展人员，要求被发展人员发展其他人员加入，并将发展人员的数量作为销售人员晋升的重要条件。同时，要求下属分支机构的承包人以购买林地、交纳信誉保证金的方式变相交纳费用，取得承包及发展其他人员加入的资格，在不同层级的销售人员之间形成上下线关系，并采取团队计酬和复式计酬的方式，以下级销售人员的销售业绩计算和给付所在团队上级销售人员报酬。其行为属于传销或变相传销行为，严重扰乱了市场经济秩序，影响社会稳定，情节特别严重，均已构成非法经营罪。[①] 在共同犯罪中，被告人陈甲、刘某起到了策划、组织、指挥的作用，均系主犯。2008年12月25日，包头市中级人民法院对包头市人民检察院指控被告人陈甲等非法经营罪一案作出一审判决：主犯陈甲以非法经营罪判处有期徒刑11年，并处没收个人财产2亿元；主犯刘某以非法经

① 本案中行为人的犯罪行为发生在《刑法修正案（七）》（2009年2月28日）通过并施行以前。《刑法修正案（七）》将该种行为以“组织、领导传销活动罪”定罪处罚。

营罪判处有期徒刑9年，并处没收个人财产1.5亿元。吴某、陈乙等另外8名被告人分别被判处有期徒刑4年至3年不等。被告人陈甲、刘某等均不服，向内蒙古自治区高级人民法院提出上诉。自治区高院审理认为，本案事实清楚，证据确实、充分，定罪准确，量刑适当，审判程序合法，上诉人的理由均不成立。于2009年4月9日作出终审裁定，驳回上诉人陈甲、刘某等人的上诉，维持原判。

为您说说法

《刑法》第二百二十四条之一：组织、领导以推销商品、提供服务等经营活动为名，要求参加者以缴纳费用或者购买商品、服务等方式获得加入资格，并按照一定顺序组成层级，直接或者间接以发展人员的数量作为计酬或者返利依据，引诱、胁迫参加者继续发展他人参加，骗取财物，扰乱经济社会秩序的传销活动的，处五年以下有期徒刑或者拘役，并处罚金；情节严重的，处五年以上有期徒刑，并处罚金。

《最高人民检察院、公安部关于公安机关管辖的刑事案件立案追诉标准的规定（二）》（2010年5月7日）第七十八条［组织、领导传销活动案（《刑法》第二百二十四条之一）］组织、领导以推销商品、提供服务等经营活动为名，要求参加者以缴纳费用或者购买商品、服务等方式获得加入资格，并按照一定顺序组成层级，直接或者间接以发展人员的数量作为计酬或者返利依据，引诱、胁迫参加者继续发展他人参加，骗取财物，扰乱经济社会秩序的传销活动，涉嫌组织、领导的传销活动人员在三十人以上且层级在三级以上的，对组织者、领导者，应予立案追诉。

本条所指的传销活动的组织者、领导者，是指在传销活动中起组织、领导作用的发起人、决策人、操纵人，以及在传销活动中担负策划、指挥、布置、协调等重要职责，或者在传销活动实施中起到关键作用的人员。

给您提个醒儿

结合当前社会实际，非法传销已由各大城市向全国各中小城市甚至向农村蔓延，受到非法传销毒害的不仅有农民、大学生，亦有下岗职工和城镇待业人员。尽管公安、工商等有关部门经常打击非法传销，但由于非法传销头目受到暴利的驱使，加之非法传销案件取证困难，团伙头目幕后指挥难以抓捕等原因，使得非法传销活动仍极为猖獗。农村外出务工人员中受骗者大有人在，给农村的社会稳定造成极为恶劣的影响。不少农村外出务工青年由于文化素质不高，辨别是非能力不强，缺乏对非法传销组织的正确认识，有的则被“洗脑”后深陷其中不能自拔。传销人员诱骗他人参与非法传销活动，主要是以同乡、同学、亲戚、朋友甚至家人为对象，造成的危害巨大。国务院 1998 年 4 月 18 日发布的《关于禁止传销经营活动的通知》，于 2005 年 8 月 10 日通过、11 月 1 日起施行的《禁止传销条例》，最高人民法院 2001 年 4 月 18 日起施行的《关于情节严重的传销或者变相传销行为如何定性问题的批复》（以下简称《批复》）都对非法传销行为进行了法律规制。尤其是《批复》中规定，对于 1998 年 4 月 18 日国务院《关于禁止传销经营活动的通知》发布以后，仍然从事传销或者变相传销活动，扰乱市场秩序，情节严重的，应当依照刑法第二百二十五条第（四）项（编者注：即其他严重扰乱市场秩序的非法经营行为）的规定，以非法经营罪定罪处罚。而随着非法传销活动的发展，非法传销目前绝大多数表现为“拉人头”式传销，并改称为“直销”，假借“直销”之名从事传销之实，以发展“下线”多少作为提取报酬的标准。也就是说，根本就不存在所谓的“经营”行为，以非法经营罪对组织、领导传销行为进行定罪处罚存在不当之处。故 2009 年 2 月 28 日通过并施行的《刑法修正案（七）》将该种行为以新增罪名“组织、领导传销活动罪”定罪处罚，提高了对该类犯罪的打击力度。

本案中，陈甲、刘某等人策划、组织、发展传销网络和传销团队，以传销方式销售林地。在销售林地过程中，通过发展人员，在不同层级的销售人员之间形成上下线关系，并采取以下级销售人员的销售业绩计算和给付所在团队上级销售人员报酬的方式计酬。其行为属于传销或变相传销行为，扰乱了市场经济秩序，影响社会稳定，情节特别严重，均已构成非法经营罪。但《刑法修正案（七）》（2009 年 2 月 28 日）通过并施行后，将该种行为以“组织、领导传销活动罪”定罪处罚，提高了对该类犯罪的打击力度。

31. 贩卖私盐，也是犯罪？[①]

跟您说个事儿

被告人王某，小学文化，潢川县农民。

因贪图小利，2006 年 6 月 12 日夜，王某将 30 包（重 1.5 吨）工业用盐充当食盐销售给该县伞陂镇一代销点，得款 1 275 元。2007 年 4 月 16 日 21 时，王某又从外地非法运输工业盐 30 吨，分别卸在该县农村的 3 个地方，并将其中的 6 吨以每吨 700 元的价格销售。事发后，潢川县盐业局将未出售的工业盐没收。潢川县法院认为，被告人王某违反国家规定，以非食用盐充当食盐进行非法经营，扰乱市场秩序，情节严重，其行为已构成非法经营罪。案发后，其认罪态度较好，依法可酌情从轻处罚，遂依法判处被告人王某犯非法经营罪，判处有期徒刑 1 年，缓刑 1 年，并处罚金 5 000 元。

为您说说法

《刑法》第二百二十五条：违反国家规定，有下列非法经营行为之一，扰乱市场秩序，情节严重的，处五年以下有期徒刑或者拘役，并处或者单处违法所得一倍以上五倍以下罚金；情节特别严重的，处五年以上有期徒刑，并处违法所得一倍以上五倍以下罚金或者没收财产：

（一）未经许可经营法律、行政法规规定的专营、专卖物品或者其他限制买卖的物品的；

（二）买卖进出口许可证、进出口原产地证明以及其他法律、行政法规规定的经营许可证或者批准文件的；

（三）未经国家有关主管部门批准非法经营证券、期货、保险业务的，或者非法从事资金支付结算业务的；

（四）其他严重扰乱市场秩序的非法经营行为。

《最高人民检察院关于办理非法经营食盐刑事案件具体应用法律若干问题的解释》（2002 年 9 月 13 日起施行）第一条：违反国家有关盐业管

---

① 案件来源　信阳新闻网，http://www.xyby.com.cn/news/info.asp?ID=11977。

理规定，非法生产、储运、销售食盐，扰乱市场秩序，情节严重的，应当依照刑法第二百二十五条的规定，以非法经营罪追究刑事责任。

第二条：非法经营食盐，具有下列情形之一的，应当依法追究刑事责任：

（一）非法经营食盐数量在二十吨以上的；

（二）曾因非法经营食盐行为受过二次以上行政处罚又非法经营食盐，数量在十吨以上的。

第三条：非法经营食盐行为未经处理的，其非法经营的数量累计计算；行为人非法经营行为是否盈利，不影响犯罪的构成。

第四条：以非碘盐充当碘盐或者以工业用盐等非食盐充当食盐进行非法经营，同时构成非法经营罪和生产、销售伪劣产品罪，生产、销售不符合卫生标准的食品罪，生产、销售有毒、有害食品罪等其他犯罪的，依照处罚较重的规定追究刑事责任。

《最高人民检察院、公安部关于公安机关管辖的刑事案件立案追诉标准的规定（二）》（2010 年 5 月 7 日）第七十九条第一项［非法经营案（《刑法》第二百二十五条）］违反国家规定，进行非法经营活动，扰乱市场秩序，涉嫌下列情形之一的，应予立案追诉：

违反国家有关盐业管理规定，非法生产、储运、销售食盐，扰乱市场秩序，具有下列情形之一的：

1. 非法经营食盐数量在二十吨以上的；

2. 曾因非法经营食盐行为受过二次以上行政处罚又非法经营食盐，数量在十吨以上的。

给您提个醒儿

非法经营罪是指违反国家规定，从事非法经营活动，扰乱市场秩序，情节严重的行为。本罪的客体，是国家对市场的管理秩序。本罪的客观方面，表现为违反国家规定，非法从事经营活动，扰乱市场秩序的行为。其中一种主要类型是未经许可经营法律、行政法规规定的专营、专卖物品或者其他限制买卖的物品。未经许可是指未经国家有关主管部门的批准。专营、专卖物品指国家法律、行政法规明确规定必须由专门的机构专营、专卖的物品，如食盐、烟草等。

本案中，被告人王某未经许可，以非食用盐充当食盐进行非法经营，数量较大，已经构成了非法经营罪，应当追究其刑事责任。

32. 买卖不成情意在，强买强卖要受罚[①]

跟您说个事儿

被告人陈某从2007年1月开始便在垫江县某镇农贸市场与他人合伙做卖鱼生意，当起了鱼贩子。为了垄断某镇的卖鱼市场，牟取高额利润，自己便纠集当地的地痞流氓，采取威胁、殴打等手段，欺行霸市，强行收购其他鱼贩子的鱼，不许其他鱼贩子在某农贸市场卖鱼，使得某镇的鱼价普遍比周边乡镇高一元至二元。2007年11月，被告人陈某强买长寿区海棠镇某村曾某鲜鱼两次；2008年8月对在某农贸市场卖鱼的零售商宋某进行了殴打，迫使宋某不敢在某农贸市场卖鱼；2008年11月，被告人陈某为达到把某农贸市场卖鲜鱼的个体户邓某赶出农贸市场的目的，便邀约社会无业人员冷某等人对邓某进行威胁殴打。通过以上行为，某镇除了他贩卖鱼以外，别无二家，成了某镇名副其实的“鱼霸”。人民群众对此行为怨声载道，某镇人大代表为此联名上书县公安局，要求严厉打击其扰乱社会经营秩序的行为。

重庆市垫江县法院经审理认为，被告人陈某以暴力、威胁手段强买强卖鲜鱼，垄断鲜鱼市场，情节严重，严重扰乱了市场秩序。2010年4月12日，人民法院开庭审理后当庭作出判决：被告人陈某犯强迫交易罪判处有期徒刑2年，并处罚金人民币5 000元。

为您说说法

《刑法》第二百二十六条：以暴力、威胁手段，实施下列行为之一，情节严重的，处三年以下有期徒刑或者拘役，并处或者单处罚金；情节特别严重的，处三年以上七年以下有期徒刑，并处罚金：

（一）强买强卖商品的；

（二）强迫他人提供或者接受服务的；

（三）强迫他人参与或者退出投标、拍卖的；

（四）强迫他人转让或者收购公司、企业的股份、债券或者其他资

① 案件来源 中国法院网，http：//www.chinacourt.org/html/article/201004/16/404511.shtml。

产的；

（五）强迫他人参与或者退出特定的经营活动的。

《最高人民检察院、公安部关于公安机关管辖的刑事案件立案追诉标准的规定（一）》（2008 年 6 月 25 日）第二十八条［强迫交易案（刑法第二百二十六条）］以暴力、威胁手段强买强卖商品、强迫他人提供服务或者强迫他人接受服务，涉嫌下列情形之一的，应予立案追诉：

（一）造成被害人轻微伤或者其他严重后果的；

（二）造成直接经济损失二千元以上的；

（三）强迫交易三次以上或者强迫三人以上交易的；

（四）强迫交易数额一万元以上，或者违法所得数额二千元以上的；

（五）强迫他人购买伪劣商品数额五千元以上，或者违法所得数额一千元以上的；

（六）其他情节严重的情形。

给您提个醒儿

修改前的《刑法》第二百二十六条规定：以暴力、威胁手段强买强卖商品、强迫他人提供服务或者强迫他人接受服务，情节严重的，处三年以下有期徒刑或者拘役，并处或者单处罚金。2011 年 5 月 1 日起施行的《刑法修正案（八）》对本罪进行了修改，主要是增加了三种行为方式：以暴力、威胁手段强迫他人参与或者退出投标、拍卖，强迫他人转让或者收购公司、企业的股份、债券或者其他资产，强迫他人参与或者退出特定的经营活动，情节严重的。并且，提高了本罪的法定刑，增加“情节特别严重”罪行阶段，将本罪的法定最高刑提高到 7 年有期徒刑，以提高本罪的打击力度。

本案中，被告人陈某为了垄断某镇的卖鱼市场，牟取高额利润，采取威胁、殴打等手段，欺行霸市，使得某镇的鱼价普遍比周边乡镇高一元至二元，人民群众对此行为怨声载道，情节严重，严重扰乱了市场秩序。其行为已经构成了强迫交易罪。

33. 出卖“自己”的土地，也犯法吗？[①]

跟您说个事儿

2005年5月，时任河南省汝阳县城关镇某村第五村民小组组长的任某多次主持召开村民小组群众会议，讨论决定将位于汝阳县城隆盛路两侧属于第五村民小组的土地交由开发商开发。2006年1月，在没有经过土地主管部门批准的情况下，任某和村民小组的4名群众代表与3家开发商签订了名为开发实为转让的“土地开发协议”，将5.2亩的土地擅自转让给开发商开发并永久使用，得款400万元。后在任某的主持下按每人16 500元将310万余元分配到村民小组的各家各户。汝阳县法院经审理认为，任某身为村民小组组长，为了牟取利益，违反土地管理法规，未经土地主管部门批准，在其主持下将本应由村民小组开发的土地转让给他人开发，非法转让金额达400万元，其行为已构成非法转让土地使用权罪。法院依法判处任某有期徒刑4年，并处罚金20万元，并追缴非法所得。

为您说说法

《刑法》第二百二十八条规定：以牟利为目的，违反土地管理法规，非法转让、倒卖土地使用权，情节严重的，处三年以下有期徒刑或者拘役，并处或者单处非法转让、倒卖土地使用权价额百分之五以上百分之二十以下罚金；情节特别严重的，处三年以上七年以下有期徒刑，并处非法转让、倒卖土地使用权价额百分之五以上百分之二十以下罚金。

《最高人民检察院、公安部关于公安机关管辖的刑事案件立案追诉标准的规定（二）》（2010年5月7日）第八十条［非法转让、倒卖土地使用权案（刑法第二百二十八条）］以牟利为目的，违反土地管理法规，非法转让、倒卖土地使用权，涉嫌下列情形之一的，应予立案追诉：

（一）非法转让、倒卖基本农田五亩以上的；

（二）非法转让、倒卖基本农田以外的耕地十亩以上的；

（三）非法转让、倒卖其他土地二十亩以上的；

① 案件来源 人民网河南频道，http://www.hnsc.com.cn/news/2006/10/15/130050.htm。

（四）违法所得数额在五十万元以上的；

（五）虽未达到上述数额标准，但因非法转让、倒卖土地使用权受过行政处罚，又非法转让、倒卖土地的；

（六）其他情节严重的情形。

《最高人民法院关于审理破坏土地资源刑事案件具体应用法律若干问题的解释》（2000 年 6 月 22 日起施行）第一条：以牟利为目的，违反土地管理法规，非法转让、倒卖土地使用权，具有下列情形之一的，属于非法转让、倒卖土地使用权“情节严重”，依照刑法第二百二十八条的规定，以非法转让、倒卖土地使用权罪定罪处罚：

（一）非法转让、倒卖基本农田五亩以上的；

（二）非法转让、倒卖基本农田以外的耕地十亩以上的；

（三）非法转让、倒卖其他土地二十亩以上的；

（四）非法获利五十万元以上的；

（五）非法转让、倒卖土地接近上述数量标准并具有其他恶劣情节的，如曾因非法转让、倒卖土地使用权受过行政处罚或者造成严重后果等。

第二条：实施第一条规定的行为，具有下列情形之一的，属于非法转让、倒卖土地使用权“情节特别严重”：

（一）非法转让、倒卖基本农田十亩以上的；

（二）非法转让、倒卖基本农田以外的耕地二十亩以上的；

（三）非法转让、倒卖其他土地四十亩以上的；

（四）非法获利一百万元以上的；

（五）非法转让、倒卖土地接近上述数量标准并具有其他恶劣情节，如造成严重后果等。

给您提个醒儿

农民集体所有土地能不能随意转让？农民集体所有土地的用途能不能随意改变？法律的回答是否定的。我国农民集体所有土地可以依法进行转让和改变用途，但是有严格的条件限制。《中华人民共和国土地管理法》（以下简称《土地管理法》）第十二条规定：依法改变土地权属和用途的，应当办理土地变更登记手续。根据《中华人民共和国土地管理法实施条例》第六条：依法改变土地使用权的，必须向土地所在地的县级以上人民政府土地行政主管部门提出土地变更登记申请，由原土地登记机关依法进行土地使用权变更登记；依法改变土地用途的，必须持批准文件，向土地所在地的县级以上人民政府土地行政主管部门提出土地变更登记申请，由原土地登记机关依法进行变更登记。本案中，尽管5.2亩土地的转让是经过村民小组群众讨论通过的，尽管任某没有将转让款装进个人腰包，但因这一非法转让行为违反了土地管理法律法规和相关规定，被告人作为主要负责人仍要被依法追究刑事责任。《土地管理法》第七十三条规定：买卖或者以其他形式非法转让土地的，由县级以上人民政府土地行政主管部门没收违法所得；对违反土地利用总体规划擅自将农用地改为建设用地的，限期拆除在非法转让的土地上新建的建筑物和其他设施，恢复土地原状，对符合土地利用总体规划的，没收在非法转让的土地上新建的建筑物和其他设施；可以并处罚款；对直接负责的主管人员和其他直接责任人员，依法给予行政处分；构成犯罪的，依法追究刑事责任。另根据《最高人民法院关于审理破坏土地资源刑事案件具体应用法律若干问题的解释》规定：以牟利为目的，违反土地管理法规，非法转让、倒卖土地使用权，非法获利一百万元以上的，属于非法转让、倒卖土地使用权“情节特别严重”，依照刑法第二百二十八条的规定，以非法转让、倒卖土地使用权罪定罪处罚。

被告人任某多次主持、召开村民小组群众会议，讨论将属于村民小组的土地交由开发商开发，且在没有经过土地主管部门批准的情况下与3家开发商签订了名为开发实为转让的“土地开发协议”，得款400万元。任某的行为性质属于非法转让土地使用权“情节特别严重”，法院对任某的定罪量刑是合乎法律规定的。

第四篇

侵犯公民人身权利、民主权利罪

34. 相约自杀，一人未死，未死的人要承担刑事责任吗？
35. 见死不救，何种情况下构成犯罪？
36. 应付拆迁造危房，过失致死成罪犯
37. 打伤小偷，也是犯法？
38. 买卖人体器官，合法吗？
39. 管教自己的孩子，也会犯法？
40. 犯了强奸罪，应当如何处罚？
41. “闹新房”要有限度，犯刑律难逃法网
42. 猥亵儿童，天理难容
43. 追讨欠款要讲方法，非法拘禁触犯刑律
44. 实施“绑票”，应如何处罚？
45. 拐卖人口如何处罚？
46. 花钱买老婆，未进洞房先进班房
47. 买儿子是犯罪，聚众阻碍解救也是犯罪？
48. 诬告他人犯罪，自己才是犯罪
49. 制造现代“包身工”也是犯罪？
50. 侵入他人住宅也是犯罪吗？
51. 以暴力方法公然侮辱他人，刑法如何处罚？
52. 上网发帖诽谤他人，同样触犯刑律
53. 宪法赋予权利必须重视，破坏选举应受刑法惩罚
54. 以暴力方式强迫他人离婚，构成何罪？
55. “齐人之福”享不得
56. 虐待老人伤天害理，触犯刑律应受惩罚
57. 天赐一女，为何遗弃？
58. 求子心切，偷走他人孩子也是犯法

34. 相约自杀，一人未死，未死的人要承担刑事责任吗？[①]

跟您说个事儿

被告人李某，男，35 岁，农民。

江苏省某市某镇农民李某与离异妇女高某长期非法同居。2002 年 12 月 12 日，李某与高某为琐事发生争执，冲动之余相约一起投河自尽。当天中午 12 时许，李某与高某不顾邻居劝阻，手挽手跳入村前的小河中。入水后，不会游泳的高某紧拉住李某不放，两人顺水漂往河中心。生死关头，李某突然反悔不想自杀。为摆脱高某的牵扯，李某数次推搡高某的身体，将高某的头部摁入水中而自己始终浮在水面，致高某当场溺水死亡。后李某被闻讯赶到的群众救起而得以生还。某市人民检察院以故意杀人罪对李某提起了公诉。法院审理认为，李某采用推、摁的手段将他人摁入水中致其溺水而亡，其行为已构成故意杀人罪，应依法予以惩处，考虑到本案的特殊情节，可对其酌情从轻处罚。2003 年 9 月 30 日，法院以故意杀人罪判处被告人李某有期徒刑 10 年，剥夺政治权利 3 年。

为您说说法

《刑法》第二百三十二条：故意杀人的，处死刑、无期徒刑或者十年以上有期徒刑；情节较轻的，处三年以上十年以下有期徒刑。

给您提个醒儿

故意杀人罪是指故意非法剥夺他人生命的行为，即通过非法手段消灭了一个人存在的自然属性和作为人存在的社会价值。人的生命权是人最为宝贵的权利，对于他人生命权的非法剥夺是刑事犯罪中最为严重的犯罪，世界各国对于故意杀人行为无一例外地规定为犯罪。但是故意杀人罪在现实社会生活中表现出形形色色的形态，相约自杀即是其中一种。所谓相约自杀，是指两人以上相互约定自愿共同自杀的行为。从目前司法实践和刑

① 案件来源 《人民法院报》，2003-11-04。

法理论界来看，相约自杀大约分为以下几种情况：(1) 诱骗、强迫他人自杀案件；(2) 教唆他人自杀案件；(3) 自愿相约自杀案件。前两种情况中，对行为人一般都应以故意杀人罪定罪处罚。在第三种自愿相约自杀案件中，又分3种情形，一是未死者受托杀死他人；二是未死者帮助他人自杀；三是单纯自愿相约自杀。结合司法实践中的情况来看，前两种情况即受托杀人和帮助自杀一般也都以故意杀人罪定罪处刑。如果相约的双方各自实施自杀行为，其中一方死亡，而另一方没有自杀成功(例如，二人相约各自喝毒药自杀，因个人体质原因一人死亡，一人未死)，此时，对于自杀未遂的一方不能以故意杀人罪定罪量刑；如果行为人的一方杀死另外一方，然后自杀未遂，对于自杀未遂的一方应当以故意杀人罪定罪量刑。也就是说，如果行为人正当的行为、错误的行为或者轻微的违法行为引起了他人自杀身亡，该行为人不应当负故意杀人罪的刑事责任。

本案当属于第三种，即典型的单纯自愿相约自杀的情形（一方未死)，两人以上自愿相约自杀，其间既无受托杀死对方的行为，亦无一方帮助另一方自杀的行为，但一方自杀身亡，一方未死（既可能是自杀未成功，也可能是因惧怕而临时改变主意未自杀)。结合本案来看，从主观上看，李某具有杀人的故意。从一开始相约自杀时起，李某就知道被害人不会游泳，而他们共同走向河中，就可以看出李某对本案中被害人的死亡结果是明知的，对被害人死亡的结果至少是持放任的心理态度，而李某实施了推搡高某，并将高某的头部摁入水中的行为就更加证明了李某主观上的认识因素和意志因素。在客观方面，李某又实施了非法剥夺他人生命的行为。在不会游泳的被害人出于本能紧抓住李某不放时，李某为了保全自己，数次推搡高某的身体，将高某的头部摁入水中而自己借力始终浮于水面上，因此，可以认定为故意杀人罪，但是又考虑到行为人当时所处的实际情况，即可能具有的求生本能，在量刑时应当与通常意义上的故意杀人罪有所区别。

35. 见死不救，何种情况下构成犯罪？[①]

跟您说个事儿

2007年5月25日11时许，被告人颜某、廖某、韩某与何某（另案处理），在湖州市南浔区南浔镇某村发现周某有盗窃自行车的嫌疑，遂尾随追赶周某至南浔镇的某码头，廖某与何某对周用拳头打，颜某、韩某分别手持石块、扳手击打周的头部等，致使周头皮破裂流血。周某挣脱后，颜某、廖某、韩某分头继续追赶周某。周某从停在某码头的长兴0009货船逃到鲁济宁0747货船，廖某随颜某紧跟周某追到鲁济宁0747货船，两人将周某围堵在鲁济宁0747货船船尾，周某被迫跳入河中。韩某听到廖某喊“小偷跳河了”，随即也赶到鲁济宁0747货船上。颜某、廖某、韩某在船上看着周某向前游了数米后又往回游，但因体力不支而逐渐沉入水中，颜某、廖某、韩某均未对周某实施任何救助行为，看着周某在河中挣扎后沉下水去，直到看不见周某的身影，三被告人才下了船离开。接警的公安人员将周某打捞上来时，周某已溺水死亡。

湖州市南浔区人民法院认为，被告人颜某、廖某、韩某因周某“偷窃”自行车而殴打、追赶周某，从而迫使周某逃上货船并跳入河中，三被告人目睹周某在水中挣扎，明知此时周某有生命危险，却不采取救助措施，最终发生了周某溺水死亡的结果，其行为均已构成故意杀人罪，公诉机关指控的罪名成立，依法应予惩处。鉴于三被告人对周某死亡结果的发生持放任态度，而非积极追求该结果的发生，且周某系自己跳入河中，又会游泳，结合本案犯罪起因，三被告人犯罪的主观恶性较小，属情节较轻。被告人颜某、廖某、韩某归案后能如实交代自己的犯罪事实，庭审中自愿认罪，分别予以酌情从轻处罚。被告人韩某又能赔偿周某家属的经济损失，取得周某家属的谅解，对被告人韩某可适用缓刑。判决被告人颜某犯故意杀人罪，判处有期徒刑3年9个月；被告人廖某犯故意杀人罪，判处有期徒刑3年3个月；被告人韩某犯故意杀人罪，判处有期徒刑3年，

① 案件来源　最高人民法院刑事审判第一、二、三、四、五庭：《中国刑事审判指导案例3：侵犯公民人身权利、民主权利罪》，164页，北京，法律出版社，2009。

缓刑4年。

为您说说法

《刑法》第二百三十二条：故意杀人的，处死刑、无期徒刑或者十年以上有期徒刑；情节较轻的，处三年以上十年以下有期徒刑。

给您提个醒儿

颜某等被告人先前殴打、追赶周某的行为在法律上产生其对周某处于危险状态时的救助义务。一般情况下，“见死不救”只是道德谴责的对象，不属于刑法评价的范畴；但在特殊情况下，“见死不救”也会成为刑法评价的对象，“见死不救”者亦要承担刑事责任。特殊情况指的是，当“见死”者负有法律上防止他人死亡的义务时，有能力防止他人死亡结果的发生，却不采取措施防止他人死亡结果的发生，以至于他人死亡的，应当承担刑事责任。颜某等被告人先前殴打、追赶周某的行为，应当属于来源于先行行为产生的救助义务。就本案来说，颜某等被告人不履行先行行为产生的救助义务与周某死亡结果之间具有刑法意义上的因果关系。没有颜某等人的殴打、追赶行为，周某不会跳水；跳水后，如果颜某等人履行了救助义务，周某就不会溺水死亡。颜某等被告人对周某的死亡后果持放任态度。间接故意不作为犯罪是行为人明知自己的不作为可能会发生危害社会的结果，并且放任该结果发生的犯罪形态。

本案中，颜某等人明知周某跳河后，因体力不支而在河中挣扎，并渐渐沉入水中，可能会发生周某溺水死亡的后果，却没有采取任何救助措施，既没有跳河救人或扔橡皮圈、绳子等物给周某自救，也没有打电话报警寻求帮助，而是目睹周某沉入水中后，才离开现场。但是，颜某等被告人并没有利用溺水这一客观条件而要致周某死亡的直接故意，其对周某的死亡，仅仅是持放任态度。

颜某等被告人的“见死不救”行为虽然造成了被害人的死亡后果，但综合全案情节应评价为故意杀人情节较轻。主要理由是：周某有实施盗窃自行车的嫌疑，在案件起因上存在一定过错；颜某等人主观上没有故意杀人的犯罪目的，其对周某的死亡后果只是持放任态度而不是积极追求；颜某等人没有直接实施剥夺他人生命的行为，只是在客观上实施了不正当殴打、追赶周某的行为，周某基于会游泳而跳入河中，生命处于危险境地后，颜某等人能够履行救助义务而未履行；本案的因果关系有其特殊性，周某的死亡系一果多因，且溺水死亡是直接原因，颜某等人的不作为只是间接原因。因此，法院认定颜某等人故意杀人犯罪属情节较轻是正确的。

36. 应付拆迁造危房，过失致死成罪犯[①]

跟您说个事儿

被告人朱某，男，淮安市淮阴区农民。

被告人朱某为了应付拆迁，从拆迁市场购买旧砖头、旧钢筋、旧楼板交给无建筑资质的于某建两层楼房，并吩咐于某为其节省资金。2004年5月中旬的一天，于某带领王甲、王乙、王丙、王丁等人进行施工，在施工过程中，未采取安全防范措施。2004年5月28日下午2时许，当被告人朱某经于某同意将两桶烂泥浆调到二楼廊檐顶部不久，在楼板自重和施工操作等负荷作用下，导致挑梁断落，致使王甲被砸当场死亡；王乙被砸伤后抢救无效死亡；王丙、王丁被砸成轻微伤。经鉴定，该房建造标准很低，泥浆强度为0，主要承重构件构造连接和整体性很差，挑梁不符合现行建筑结构设计规范的有关要求。淮阴区法院认为：被告人朱某建设两层楼房，购买的是旧材料，为了拆迁，吩咐于某尽量节省，其由于疏忽大意没有预见到后果发生的可能性，并且亲自用吊车将两大桶烂泥浆吊到二楼，最终导致楼房崩塌，进而致两死两伤的后果，被告人主观上具有疏忽大意的过失，客观上其行为与两死两伤的后果有因果关系，其行为符合过失致人死亡罪的法律待征，考虑到被告人朱某在整个事故中起次要作用，其犯罪情节轻微，不需要判处刑罚，可以免除刑事处罚。判决被告人朱某犯过失致人死亡罪，免于刑事处罚。

① 案件来源 最高人民法院刑事审判第一、二、三、四、五庭：《中国刑事审判指导案例3：侵犯公民人身权利、民主权利罪》，201页，北京，法律出版社，2009。

为您说说法

《刑法》第二百三十三条：过失致人死亡的，处三年以上七年以下有期徒刑；情节较轻的，处三年以下有期徒刑。本法另有规定的，依照规定。

给您提个醒儿

本案中，被告人朱某购买旧建筑材料，委托无建筑资质的于某，还嘱咐于某尽量少用水泥以节省资金，同时，在施工过程中没有采取任何安全防范措施，因此朱某的建房行为是一种容易导致施工人员伤亡的危险行为。对此，普通人都能够加以认识，至于朱某，一方面，具有完全刑事责任能力，其智能水平不低于普通人，另一方面，由于他平时用自家的吊车帮别人上下楼板，朱某对建房安全性的认知应高于普通人，所以对自己行为可能导致施工人员伤亡的危险性是完全能够认识的。尽管是由于楼板自重和施工操作等荷载作用直接导致挑梁断落，进而发生4人伤亡的危害后果，但是朱某在建房时违反房屋建设所必需的安全要求，使得房屋安全性极差，是导致挑梁断落的根本原因。因此，案件中两人死亡、两人轻微伤的后果与朱某的建房行为存在因果关系。综上，朱某主观上有注意义务、预见能力，客观上伤亡后果与其建房行为有因果关系，因此认定朱某构成过失致人死亡罪是正确的。

37. 打伤小偷，也是犯法？[①]

跟您说个事儿

被告人张某，男，66岁，重庆市南岸区鸡冠石镇农民。

张某家里有十多块分散的土地，总面积有1亩多。十多年来，家里一直靠种菜为生，一般种的都是时令蔬菜，成熟后挑到市场卖。但这十

① 案件来源 辽宁新闻网，http：//www.lnnews.net/html/2011/01/20/173913.html。

多年来，地里的菜一旦成熟就要遭偷，年年如此。自家菜地被偷，对张某夫妇来说不过是损失了一些收入而已。最让他们难以忍受的是，他们背了十多年“小偷”的黑锅。因为张家是单家独户，家的周边其他菜农的菜也经常被偷，那些菜农于是怀疑是张某夫妇干的。所以，这些年来张某夫妇虽忍无可忍，但又无法证明自己的清白。张家菜地除了小偷光顾，还有野猪常来找食，所以张某经常半夜三更起来守强盗，但都不容易遇到。2010 年 8 月，张家菜地的丝瓜、藤菜都熟了，在往年的经历中，这个时候正是被偷的高发时间。所以，张某感觉可能有人要来偷菜。于是，在 2010 年 8 月 15 日凌晨，张某提着一根两尺多长安窗户用的钢条出门，到自家菜地附近守候。约在凌晨 3 时许，他看见有人在丝瓜地里活动，但他当时并未暴露自己，想看看这人到底要干什么。不一会儿，那人就偷了很多丝瓜，然后又去割藤菜。看到对方用背篼装满菜后，他起身大喊“干啥子”。偷菜的人也被吓倒了，放下背篼就跑，张某紧追不舍。当时发现有两个偷菜的，但只抓到偷菜的老妪。当时他问老妪：“为什么要跑?”但老妪不说话，还想跑。张某想起十多年来一直没抓到偷菜的人，这次好不容易逮到了，她还要跑，气愤之下就用钢条打了老妪。老妪被打伤后，当天被送往医院住院治疗。病历显示她有重度颅脑损伤，右颞顶部凹陷性、粉碎性骨折，硬膜外血肿，多处头皮裂伤。张某为此掏了 5 000 元医药费赔给老妪。2011 年 1 月 19 日庭审时，张某承认了打伤老妪的事实。法院对其当庭宣判，以故意伤害罪判处张某拘役 4 个月、缓刑 7 个月。

为您说说法

《刑法》第二百三十四条：故意伤害他人身体的，处三年以下有期徒刑、拘役或者管制。

犯前款罪，致人重伤的，处三年以上十年以下有期徒刑；致人死亡或者以特别残忍手段致人重伤造成严重残疾的，处十年以上有期徒刑、无期徒刑或者死刑。本法另有规定的，依照规定。

给您提个醒儿

故意伤害罪是指故意非法损害他人身体健康的行为。本罪侵犯的客体是他人的身体健康权，所谓身体权是指自然人以保持其肢体、器官和其他组织的完整性为内容的人格权。应注意的是，本罪侵害的是他人的身体权，因此，故意伤害自己的身体，一般不认为是犯罪。本罪在客观方面表现为实施了非法损害他人身体的行为。首先，要有损害他人身体的行为。损害他人身体的行为的方式，既可以表现为积极的作为，亦可以表现为消极的不作为。无论是直接由本人实施还是间接实施，亦无论是针对何种部位，采取什么样的方式，只要出于故意，能造成他人的人身健康伤害，即可构成本罪。其次，损害他人身体的行为必须是非法进行的。最后，损害他人身体的行为必须已造成了他人人身一定程度的损害，才能构成本罪。只是一般性的拳打脚踢、推拉撕扯，不会造成伤害结果的，则不能以本罪论处。伤害结果表现多种多样，有的是破坏了他人组织的完整性，如咬去鼻子、砍断手脚；有的是损害了他人器官的正常功能，如听觉、视觉、味觉丧失，精神失常等。但就结果的严重程度而言，则有 3 种形态，即轻伤、重伤或死亡。如果没有造成轻伤以上的伤害，如没有达到伤残等级或虽达到等级却属轻微伤，则不能以本罪论处。本罪的主体为一般主体，凡达到刑事责任年龄并具备刑事责任能力的自然人均能构成本罪，其中，已满 14 周岁未满 16 周岁的自然人有故意伤害致人重伤或死亡行为的，应当负刑事责任。本罪在主观方面表现为故意，即行为人明知自己的行为会造成损害他人身体健康的结果，而希望或放任这种结果的发生。

本案中，老妪偷菜本来有一定过错，可以减轻对张某的处罚。同时，张某还进行了赔偿。所以在量刑上判处了拘役 4 个月，同时考虑到其不会危害社会，又判处缓刑。如果本案中老妪没有过错，同样的伤害行为和后果，张某可能面临更长的刑期。本案中，老妪并没有攻击张某，在逃跑时张某追上去并下手较重，用铁棍打人时是一种泄愤行为。所以，张某并不算正当防卫，也不算防卫过当，而是典型的故意伤害。所以，法院也是按故意伤害罪进行定罪量刑。这个案件告诉我们，抓到小偷后，应选择正当、合理的途径解决。在未遭遇人身安全威胁的情况下，尽量不要伤害小偷。正确的做法应是及时报案，或与群众一起将其送到公安机关。

38. 买卖人体器官，合法吗？

跟您说个事儿

2009 年 4 月至 5 月间，被告人刘甲伙同杨某、刘乙、刘丙等人，在北京、河南等地招募出卖人体器官的供体，并于 2009 年 5 月 13 日在海淀区某医院居间介绍供体杨某与患者谢先生进行肝脏移植手术，收取谢先生人民币 15 万元（包括谢先生向医院支付的医疗费用）。各被告人分工如下：被告人刘甲与杨某经商议后，决定由刘甲在北京联系需要接受人体器官移植的患者，杨某上网发布有偿捐献人体器官的帖子并负责在河南租房解决供体的饮食起居和带领供体前往医院体检，并将体检合格的供体提供给刘甲，刘甲指使被告人刘丙在河南协助杨某进行上述活动，刘甲指使被告人刘乙负责管理来京供体的饮食起居和带领供体前往医院体检，刘甲负责向接受人体器官移植手术的患者收取费用。19 岁的杨某被几名被告人以 3.5 万元的价格卖出了自己 60% 的肝脏后，不但没拿到钱，反而因为要钱被打伤。北京市海淀区人民法院以非法经营罪①判处了这个贩卖人体器官的中介组织成员，被告人刘甲、杨某有期徒刑 4 年，罚金人民币 10 万元，判处被告人刘乙、刘丙有期徒刑 2 年，罚金人民币 5 万元。据悉，该案是北京市首例买卖人体器官案。

为您说说法

《刑法》第二百三十四条之一：组织他人出卖人体器官的，处五年以下有期徒刑，并处罚金；情节严重的，处五年以上有期徒刑，并处罚金或者没收财产。

未经本人同意摘取其器官，或者摘取不满十八周岁的人的器官，或者强迫、欺骗他人捐献器官的，依照本法第二百三十四条、第二百三十二条（编者注：分别为故意伤害罪和故意杀人罪）的规定定罪处罚。

违背本人生前意愿摘取其尸体器官，或者本人生前未表示同意，违反

① 2011 年 5 月 1 日开始施行的《刑法修正案（八）》已将该种情形以“组织出卖人体器官罪”定罪处罚。

国家规定，违背其近亲属意愿摘取其尸体器官的，依照本法第三百零二条的规定定罪处罚。

给您提个醒儿

非法经营罪是指未经许可经营专营、专卖物品或其他限制买卖的物品，买卖进出口许可证、进出口原产地证明以及其他法律、行政法规规定的经营许可证或者批准文件，未经国家有关主管部门批准非法经营证券、期货、保险业务的，或者非法从事资金支付结算业务的，以及从事其他非法经营活动，扰乱市场秩序，情节严重的行为。确定一个行为是否构成非法经营罪，关键有两个要件：一是行为是否具有严重扰乱市场秩序的危害后果。由于法律未明确规定量化标准，故行为是否符合这一条件实际上是由司法机关自由裁量。二是行为是否违反国家规定，即行为是否具有违法性。本案的裁判理由在于，收购人体器官进而转卖的行为从本质上来说是一种经营行为，其与一般经营行为的区别在于经营的商品是人体器官，而人体器官在我国是禁止买卖的。我国《人体器官移植条例》第三条对器官买卖做了禁止性规定："任何组织或者个人不得以任何形式买卖人体器官，不得从事与买卖人体器官有关的活动。"

本案中，中介头目刘甲和他的中介公司上网发布有偿捐献人体器官的帖子，寻找供体，并向接受人体器官移植手术的患者收取费用，他们的行为违反了国家禁止买卖器官的规定，属于非法经营。

贩卖人体器官案属于新型案件，以前在司法实践中没有出现过，该案件在北京乃至全国都是首例，没有相关的判决和处理情况，最后检方以非法经营罪起诉，法院也以非法经营罪进行定罪，就是因为刑法中没有相应的罪名。但是将买卖人体器官作为一种经营形式，确实存在不当之处。因此，《刑法修正案（八）》中增加了"组织出卖人体器官罪"，从法理角度明确刑罚，从而加大对非法买卖人体器官活动的打击力度。

39. 管教自己的孩子，也会犯法？[①]

跟您说个事儿

2008 年 4 月 21 日下午 4 时多，在浙江嘉兴平湖打工的江苏人焦某喊在河边玩耍的儿子小致富回家，年仅两岁的小致富不听话，跑来跑去不肯回家，还用石子扔有孕在身的妈妈。喊了几遍儿子都没有理睬，焦某火气一下子就上来了，上前管教，抬起脚就朝小致富踹了过去，正好踢在儿子的肚子上，小致富被踹倒在地后肚子疼痛不止。后经医院诊断，小致富腹部所受损伤为急性腹膜炎、肠穿孔，属重伤。2008 年 6 月 2 日，人民检察院依法以过失致人重伤罪对焦某提起公诉。6 月 11 日，人民法院审理此案后认为，被告人焦某过失伤害他人身体，致一人重伤，其行为已构成过失致人重伤罪，判处被告人焦某有期徒刑 8 个月、缓刑 1 年 2 个月。

为您说说法

《刑法》第二百三十五条：过失伤害他人致人重伤的，处三年以下有期徒刑或者拘役。本法另有规定的，依照规定。

给您提个醒儿

过失致人重伤罪是指过失伤害他人身体，致人重伤的行为。本罪侵犯的客体是他人的身体权，身体权是自然人以保持其肢体、器官和其他组织的完整性为内容的人格权。本罪在客观方面表现为非法损害他人身体健康的行为。认定非法损害他人身体健康的行为需要注意两点：其一，构成过失重伤罪，法律不仅要求行为人的行为必须造成他人实际的伤害结果而且要求这种伤害只有达到重伤的程度，才构成犯罪。如果过失致人轻伤，则不构成犯罪。其二，构成过失重伤罪，还要求行为人的行为与结果之间有直接因果关系，即行为人的行为直接地、必然地造成了这种重伤结果，行为人的行为是造成这一重伤结果的决定性的、根本的原因。如果重伤结果的产生，并不是由该行为人的行为直接决定的，也就不能追究行为人过失

---

① 案件来源 嘉兴在线，http：//www. cnjxol. com/xwzx/jxxw/qxxw/ph/content/2008-06/19/content_ 743700. htm。

重伤罪的刑事责任。本罪的主体为一般主体，凡年满16周岁且具备刑事责任能力的自然人均能构成本罪。本罪在主观方面表现为过失，包括疏忽大意的过失和过于自信的过失。

本案中，焦某与小致富是父子，焦某一向都很疼爱儿子，事情的起因只是因为两岁的小致富调皮不听话，出于管教儿子，焦某朝小致富肚子踢一脚，但没想到小致富被踢得肠穿孔，造成如此严重的后果，不是作为父亲的焦某愿意看到的。过失是指应当预见自己的行为可能发生危害社会的结果，因为疏忽大意而没有预见，或者已经预见而轻信能够避免，以致发生这种结果。虽然把儿子踢伤不是焦某愿意看到的，但焦某作为一个成年人，朝一个两岁的小孩子肚子上踢一脚，他应当预见这种行为会造成孩子伤害的结果，但由于怀着侥幸心理，他轻信能够避免，所以主观上焦某存在过失，应当以过失致人重伤罪追究其刑事责任。

40. 犯了强奸罪，应当如何处罚？[①]

跟您说个事儿

被告人曹某，男，28岁，农民。

2000年3月10日，被告人曹某在天津市蓟县旅游局招待所永昌信息部内遇到前来找工作的河北某县农村女青年赵某，遂以自己的饲料厂正需雇用职工推销饲料为名，答应雇用赵某。3月12日曹某以带赵某回自己的饲料厂为由，将赵某骗至宝坻区。当晚，曹某将赵某带至宝坻区城关二镇南苑庄的一旅店内，租住了一间房，使用暴力两次强行奸淫了赵某。赵某在遭强奸后，一直精神抑郁，曾经医院诊断为神经反应症，于2001年5月21日服毒自杀身亡。宝坻区人民法院审理后认为：被告人曹某在以招聘为名骗取被害人赵某信任后，继而使用暴力强行奸淫了赵某，最终造成赵某服毒自杀，其行为已构成强奸罪。被害人赵某因被强奸所造成的医疗费、交通费等费用，被害人赵某的亲属因赵某自杀所造成的丧葬费、赡

① 案件来源　最高人民法院刑事审判第一、二、三、四、五庭：《中国刑事审判指导案例3：侵犯公民人身权利、民主权利罪》，398页，北京，法律出版社，2009。

养费等物质损失，应由被告人曹某负责赔偿。判决被告人曹某犯强奸罪，判处有期徒刑15年，剥夺政治权利3年，赔偿附带民事诉讼原告人经济损失71 890元。

为您说说法

《刑法》第二百三十六条：以暴力、胁迫或者其他手段强奸妇女的，处三年以上十年以下有期徒刑。

奸淫不满十四周岁的幼女的，以强奸论，从重处罚。

强奸妇女、奸淫幼女，有下列情形之一的，处十年以上有期徒刑、无期徒刑或者死刑：

（一）强奸妇女、奸淫幼女情节恶劣的；

（二）强奸妇女、奸淫幼女多人的；

（三）在公共场所当众强奸妇女的；

（四）二人以上轮奸的；

（五）致使被害人重伤、死亡或者造成其他严重后果的。

给您提个醒儿

强奸罪是指违背妇女意志，使用暴力、胁迫或者其他手段，强行与妇女发生性交的行为。本罪侵犯的是妇女不可侵犯的权利。强奸罪客观上必须具有使用暴力、胁迫或者其他手段，使妇女处于不能反抗、不敢反抗、不知反抗状态或利用妇女处于不知、无法反抗的状态而乘机实行奸淫的行为。所谓暴力手段，是指不法对被害妇女的人身行使有形力的手段，即直接对被害妇女采取殴打、捆绑、堵嘴、卡脖子、按倒等危害人身安全或者人身自由，使妇女不敢反抗的手段。所谓胁迫手段，是指对被害妇女进行威胁、恫吓，达到精神上的强制，使妇女不敢反抗的手段，胁迫的核心是足以引起被害妇女的恐惧心理，使之不敢反抗，从而实现强行奸淫的意图，既可以是直接对妇女进行威胁，也可以是通过第三者进行威胁；既可以是口头胁迫，也可以是书面胁迫；既可以是以暴力进行威胁，如持刀胁迫，也可以是以非暴力进行威胁，如以揭发隐私、毁坏名誉相胁迫。需要注意的是，利用教养关系、从属关系、职务权利等与妇女发生性交的，不能一律视为强奸。问题的关键在于行为人是否利用了这种特定关系进行胁迫而使妇女不敢反抗，而不在于有没有这种特定关系。所谓其他手段，是指采用暴力、胁迫以外的使被害妇女不知抗拒或者不能抗拒的手段，具有与暴力、胁迫相同的强制性质。司法实践中常见的其他手段有：用酒灌醉或者药物麻醉的方法强奸妇女；利用妇女熟睡之机进行强奸；冒充妇女的丈夫或者情夫进行强奸；利用妇女患重病之机进行强奸；造成或利用妇女处于孤立无援的状态进行强奸；假冒治病强奸妇女；组织利用会道门、邪教组织或者利用迷信奸淫妇女等。本罪的主体是特殊主体，即年满十四周岁具有刑事责任能力的男子，但在共同犯罪情况下，妇女教唆或者帮助男子强奸其他妇女的，以强奸罪的共犯论处。本罪在主观方面表现为故意。以明知妇女是不能正确表达自己意志的精神病人或有严重痴呆的人而与之性交的人，不管犯罪分子采取什么手段和被害妇女是否表示“同意”或“反抗”，都应视为违背妇女意志，构成强奸罪。

在本案中，因被告人曹某的强奸行为导致被害人赵某一直精神抑郁，曾经医院诊断为神经反应症，最后服毒自杀身亡的后果，虽不属于“强奸致被害人死亡”，但却属于因强奸“造成其他严重后果”，因此，应对被告人曹某在十年以上有期徒刑的幅度内量刑。

41.“闹新房”要有限度，犯刑律难逃法网①

跟您说个事儿

2006年11月10日，郑州市二七区齐礼阎乡一户人家热闹非凡，上百名宾客来来往往，为一对新人送上新婚祝福。中午宴会上，不少宾客开始斗酒，一瓶瓶白酒见底后，气氛愈发活跃起来，不少人情绪颇为失控，开始大声喊叫。年仅21岁的陈某兴致高昂，突然提议：今天的伴娘很漂亮，要不咱们去和她闹闹？这个建议得到了3个同伴的响应，随后，他们找到伴娘王某，对她说：“我们找你有点事儿，你过来一下吧。”话音刚落，年仅20岁的薛某抓着王某的手腕，强行将她拉到了二楼的一个房间。众宾客看到这一幕，不仅没制止，反而哈哈大笑。进入房间后，王某苦苦哀求，要求他们放自己下去，可喝醉的4名青年根本听不进去，他们很快

① 案件来源 人民网河南频道，http://www.hnsc.com.cn/news/2007/11/23/239801.html。

把王某脱个精光，并在她身上乱摸乱亲。王某吓得大哭起来，但几个青年的笑声一浪高过一浪。接着，薛某还找来一个生鸡蛋捣碎，并将蛋黄和蛋清涂抹到王某的上下隐私部位。4 名青年疯狂“闹”了半个小时后，方才罢休。被侮辱后，王某觉得 4 名青年的行为太过分，于是拨打电话报警。民警赶到现场后，拍照并提取了物证，对几名宾客做了询问笔录。王某还专程到郑州市法医中心对身体损伤予以鉴定，经鉴定，她隐私部位已构成轻微伤。随后，4 名男子相继被抓获。第二天，4 人被郑州市公安局二七分局刑事拘留。2007 年 3 月 23 日，郑州市二七区人民法院对这起案件作出一审判决：4 名男子犯强制猥亵妇女罪，证据确凿，分别判处有期徒刑 5 至 6 年。宣判后，4 名男子不服，提起上诉。2007 年 11 月 22 日，郑州市中级人民法院对此案作出终审判决，由于涉案男子都是初犯、偶犯，且认罪态度好，加上已对被害人作出了万余元的经济赔偿，因此酌情减轻了刑罚，4 人被分别判处有期徒刑 3 至 5 年。

为您说说法

《刑法》第二百三十七条：以暴力、胁迫或者其他方法强制猥亵妇女或者侮辱妇女的，处五年以下有期徒刑或者拘役。

聚众或者在公共场所当众犯前款罪的，处五年以上有期徒刑。

猥亵儿童的，依照前两款的规定从重处罚。

给您提个醒儿

强制猥亵、侮辱妇女罪是指以暴力、胁迫或者其他方法强制猥亵妇女或者侮辱妇女的行为。本罪侵犯的客体是妇女的人格尊严和人身自由权利。在客观方面表现为以暴力、胁迫或者其他方法强制猥亵妇女，或者侮辱妇女的行为。首先，行为人猥亵、侮辱妇女具有违背妇女意志的本质特征。违背妇女意志，即未经妇女真实同意。如果妇女对于行为人的行为表示同意，自然不能成立强制猥亵、侮辱妇女罪。其次，行为人采用暴力、胁迫或者其他方法实施了强制猥亵、侮辱妇女的行为。所谓暴力，是指对被害妇女的人身采取殴打、捆绑、堵嘴、卡脖子、按倒等危害人身安全或者人身自由的强暴方法，使妇女不敢反抗。所谓胁迫，是指对被害妇女采取威胁、恫吓等方法实行精神上的强制，使妇女不敢反抗。所谓其他手段，是指暴力、胁迫以外的其他使妇女无法反抗、不知反抗的手段。例如，利用封建迷信进行恐吓、欺骗或者利用妇女患病、熟睡之机进行猥亵；利用酒灌醉、药物麻醉、药物刺激等方法对妇女进行猥亵；利用或者假冒治病对妇女进行猥亵等等。所谓猥亵，是指以刺激或满足性欲为目的，用性交以外的方法实施的淫秽行为。猥亵既可以发生在男女之间，也可以发也在同性之间，但是只有猥亵妇女、猥亵儿童的，才构成本条规定的犯罪。猥亵妇女以外的男子，不构成本条中的犯罪。所谓猥亵妇女，是指对妇女的抠摸、舌舔、吸吮、亲吻、搂抱、手淫等行为。所谓侮辱妇女，是指用下流动作或淫秽语言调戏妇女的行为。例如，偷剪妇女发辫、衣服；追逐、堵截妇女；向妇女身上泼洒腐蚀物，涂抹污物等。强制猥亵、侮辱妇女罪的主体为一般主体，凡达到刑事责任年龄且具备刑事责任能力的自然人均能构成强制猥亵、侮辱妇女罪。强制猥亵、侮辱妇女罪在主观方面表现为故意。在本案中，几名被告人大概不明白办喜事“闹新房”怎么闹进了班房呢？虽然自古以来我国就有闹新房的习俗，但是在法律面前，法律必然优先于习俗。闹新房必然也应当限制在法律允许的限度之内。

本案中，几名年轻人，采用强制猥亵妇女的方法“闹新房”，毫无疑问是闹得过分了。并且，几名被告人属于聚众强制猥亵妇女，应在五年以上有期徒刑的法定刑区间内处刑，二审法院考虑到几名被告人都是初犯、偶犯，且认罪态度好，加上已对被害人作出了经济赔偿，因此酌情减轻了刑罚，即在法定刑以下判处了刑罚。

42. 猥亵儿童，天理难容[①]

跟您说个事儿

2009 年 11 月 26 日，江西省丰城市人民法院宣判了一起猥亵儿童的刑事案件，一审以猥亵儿童罪判处被告人肖某有期徒刑一年。2009 年 7 月底的一天中午，在砖厂务工的 40 多岁的宁都人肖某在自己房间内，见其同事的女儿李某（9 岁）在看电视，为寻求刺激，肖某将李某抱到怀

① 案件来源　中国法院网，http://www.chinacourt.org/public/detail.php?id=382525。

中，抓住李某的手抚摸自己的身体，随后又拉开自己的裤链，强行让李某用手触摸其生殖器。2009 年 8 月 3 日中午 12 时许，肖某看到李某又在自己房内看电视，便以 1 元钱为诱饵向李某提出脱裤子的要求，遭到拒绝后，肖某便用右手抓住李某的双手，用左手强行脱下李某的裤子，将其裙子上翻，用自己的手机对小女孩的隐私部位进行拍照以寻求刺激。一审法院认为，被告人肖某目无法律，为寻求刺激，猥亵儿童，其行为已构成猥亵儿童罪。鉴于其犯罪情节轻微，没有对被害人造成人身伤害，且系偶犯、初犯，认罪态度较好，遂对其从轻处罚。据此，对其依法作出上述判决。

为您说说法

《刑法》第二百三十七条：以暴力、胁迫或者其他方法强制猥亵妇女或者侮辱妇女的，处五年以下有期徒刑或者拘役。

聚众或者在公共场所当众犯前款罪的，处五年以上有期徒刑。

猥亵儿童的，依照前两款的规定从重处罚。

给您提个醒儿

猥亵是指以刺激或满足性欲为目的，用性交以外的方法实施的淫秽行为。乱摸未成年少女是猥亵儿童罪的客观方面的重要表现形式。法律规定不论儿童是否同意，也不论儿童是否反抗，只要对儿童实施了猥亵的行为，就构成犯罪。猥亵儿童罪侵犯的客体是儿童的人格、名誉和身心健康。本罪侵害的对象是儿童，包括男童和女童。未满 14 周岁的儿童，生理和心理发育还不成熟，受国家特殊保护。猥亵儿童，必然会对儿童的生理和心理健康造成影响，甚至给儿童的学习和生活带来阴影。本罪客观方面表现为用淫秽的手段猥亵儿童。司法实践中常见的猥亵手段有抠摸、吸吮、亲吻、搂抱等方式，以达到性刺激、性满足为目的。本罪主观方面由直接故意构成，并且具有性刺激、性满足的目的。本罪主体是一般主体。

本案例中，法院经审理认为，被告人肖某无视国法，为寻求刺激，出于淫秽下流的欲望，采用诱骗、强迫等方法，对被害人两次进行猥亵，给被害人的身心造成了严重侵害，其行为已经构成猥亵儿童罪。

43. 追讨欠款要讲方法，非法拘禁触犯刑律[①]

跟您说个事儿

2009年9月，被告人梁某借给同村的高某一笔钱，约定7日内偿还。偿还期限过后，梁某多次找高某催讨，高某无力偿还，且为利息计算方法发生口角。2010年4月14日下午，被告人梁某邀集张某、康某找高某讨账。一伙人乘坐一辆微型面包车来到湖南省常德市武陵区东江乡高某居住的一茶馆前，采取持刀威胁的手段，将在茶馆打牌的高某强行挟持到面包车上到处转悠，被告人一伙在车上对高某进行劝说、殴打，逼其还钱。至深夜后，几人又将高某带至鼎城区韩公渡镇某旅社，逼迫高某脱得只剩短裤坐在床边，并往其身上淋水“洗冷水澡”。次日，又将高某带至武陵镇某宾馆内，继续逼其还钱。直至2010年4月15日下午5时许，高某联系一朋友出面担保还钱后，被告人一伙才将高某放走。后经法医鉴定，高某的伤情已构成轻微伤。法院经审理后认为，被告人梁某等人，以索取债务为目的，非法限制他人人身自由长达20小时之久，且有殴打和侮辱情节，造成他人轻微伤的后果，其行为已构成非法拘禁罪，判处梁某拘役6个月，缓刑一年，赔偿经济损失1.8万元；参与武力讨债的另外两名同伙张某、康某也分别被判处拘役8个月和6个月。

为您说说法

《刑法》第二百三十八条：非法拘禁他人或者以其他方法非法剥夺他人人身自由的，处三年以下有期徒刑、拘役、管制或者剥夺政治权利。具有殴打、侮辱情节的，从重处罚。

犯前款罪，致人重伤的，处三年以上十年以下有期徒刑；致人死亡的，处十年以上有期徒刑。使用暴力致人伤残、死亡的，依照本法第二百三十二条、第二百三十四条的规定定罪处罚。

为索取债务非法扣押、拘禁他人的，依照前两款的规定处罚。

---

① 案件来源　红网，http://hn.rednet.cn/c/2011/03/14/2204839.htm。

国家机关工作人员利用职权犯前三款罪的，依照前三款的规定从重处罚。

给您提个醒儿

非法拘禁罪是指非法拘禁他人或者以其他方法非法剥夺他人人身自由的行为。本罪的客体，是他人的人身自由权利，即他人根据自己的意愿自由支配自己身体活动的权利。人身自由权利是法律赋予人参与社会活动、行使权利的基本保证。本罪的对象是所有依法享有人身自由权利的他人，不论是成年的，还是未成年的，健康的还是有病的，也不论其民族和国籍，只要是未被依法剥夺人身自由，对其实施非法剥夺人身自由的行为均可构成本罪。本罪的客观方面，行为人必须具有以拘禁或者其他强制方法，非法剥夺他人人身自由的行为。剥夺他人人身自由的具体方法，可以是多种多样的，既可以表现为作为，也可以表现为不作为。但不论是何种方法，都必须是非法的才能构成非法拘禁罪。所谓拘禁，是指以强制性方法使他人在一定时间内失去行动的自由。非法拘禁具有非法性和强制性。首先，拘禁行为必须是非法的。非法性主要表现为：一是无权拘禁他人的一般公民以非法手段拘禁他人，使其失去人身自由。二是有权拘禁的司法工作人员滥用职权，不遵守法律规定，或者违反法定程序和条件，非法剥夺他人人身自由，或者使他人无法恢复人身自由。其次，拘禁行为具有强制性。所谓强制性，是指违背他人意志，强行使他人处于被管束之中。主要表现为使用足以剥夺人身自由的强制性手段，如实施捆绑、关押、禁闭等。本罪的主体为一般主体，主观方面出于故意。

在本案中，被告人梁某邀集张某、康某找高某讨账，采用威胁、劝说、殴打等方式逼其还钱，且后经法医鉴定，高某的伤情已构成轻微伤。梁某等人看似有理，拘禁高某是为了追讨自己的合法债务，但其采用的手段非法并已经触犯了刑律，应依法追究其刑事责任。

44. 实施“绑票”，应如何处罚？[①]

跟您说个事儿

河北省邢台市威县人张甲、贺某、侯某同在石家庄市打工，其中，张甲是威县某村原村支书。2009年11月份，为勒索财物，三人密谋绑架该村村支书张乙。11月30日下午，张甲打电话告诉侯某，张乙在家。侯某伙同贺某从石家庄市租得一辆轿车，冒充统战部工作人员给张乙打电话让其晚上在家等候。侯某驾驶该车拉着雇用的张丙、张丁（案发后在逃）二人赶往威县，当晚20时30分许到达张乙住处附近，侯某打电话将张乙从家中骗至车内。张乙反抗时，侯某谎称自己是检察院的，要查村里的账。随后张丙、张丁强行用胶带绑住张乙的双眼、双手。张丙趁机从张乙衣兜内搜出6 600元，据为己有。12月1日0时左右，侯某等三人将张乙带到事先在内丘县城租下的楼房内，再以检察院查账的名义吓住村支书家人，使其不敢报案，然后向村支书家人要钱。后因担心暴露，张甲打电话让侯某将张乙送回。12月1日5时许，侯某、张丙、张丁将张乙扔至京珠高速公路邢台市北口附近后离开。张乙后被路过的陈某等人解救。2010年6月2日，经邢台威县人民检察院提起公诉的被告人张甲、侯某、贺某、张丙分别因犯绑架罪被判处5至7年有期徒刑。

为您说说法

《刑法》第二百三十九条：以勒索财物为目的绑架他人的，或者绑架他人作为人质的，处十年以上有期徒刑或者无期徒刑，并处罚金或者没收财产；情节较轻的，处五年以上十年以下有期徒刑，并处罚金。

犯前款罪，致使被绑架人死亡或者杀害被绑架人的，处死刑，并处没收财产。

以勒索财物为目的偷盗婴幼儿的，依照前两款的规定处罚。

① 案件来源　燕赵都市网，http：//news. yzdsb. com. cn/system/2010/06/04/010525770. shtml。

给您提个醒儿

绑架罪是指以勒索财物为目的绑架他人，或者绑架他人作为人质的行为。本罪侵犯的客体是复杂客体，包括他人的人身自由权利，健康、生命权利及公私财产所有权利。因为行为人以暴力、胁迫等手段对他人实施绑架，直接危害被害人的生命健康。在司法实践中，行为人常常以危害被害者相威胁，迫使其家属交付赎金；在绑架过程中，被害人往往受虐待、重伤甚至惨遭杀害。立法者将绑架他人的行为放在侵犯公民人身权利、民主权利罪这一章中，强调的也是对公民人身权利的保护。这种犯罪实际上就是旧社会甚为猖獗的“绑票”行为，新中国成立后已经绝迹，近些年来又重新出现，并有发展的趋势，对社会危害极大。为了有力惩治这种犯罪，刑法将绑架行为单立为罪名。客观方面表现为使用暴力、胁迫或者其他的方法，绑架他人的行为。所谓暴力，是指行为人直接对被害人进行捆绑、堵嘴、蒙眼、装麻袋等人身强制或者对被害人进行伤害、殴打等人身攻击手段。所谓胁迫，是指对被害人实行精神强制，或者对被害人及其家属以实施暴力相威胁。所谓其他方法，是指除暴力胁迫以外的方法，如利用药物、醉酒等方法使被害人处于昏迷状态等。犯罪主体为一般主体，主观方面由直接故意构成。

本案中，被告人张甲等人，为勒索财物，绑架该村村支书张乙，虽然从被害人家属处没有勒索到财物，但是绑架行为已经达到了实际控制人质，将其置于自己实际控制之下，应以绑架罪已经实施论处。

45. 拐卖人口如何处罚？[①]

跟您说个事儿

1994 年 4 月间，吴某在广西柳州市汽车站以介绍工作为名，将从某县农村出来找工作的妇女刘某、黄某妯娌二人拐骗到陈某家。陈伙同他人

---

① 案件来源 最高人民法院刑事审判第一、二庭：《刑事审判参考》（2003 年第 1 辑），69~72 页，北京，法律出版社，2003。

将黄某卖给了王甲为妻，在欲将刘某卖给一名年龄较大的男人为妻时，由于刘某哭闹不愿而未得逞。此后，陈找到被告人李某，商定以 1 700 元的价格将刘某卖给李做小妾，并可随后付款。李将刘某带回家中后，遭到了其妻的强烈反对，同时又得知刘某已婚，且已生育，遂表示要么将刘某送回家，要么将其退回给陈某。刘某因黄某随其一道出来也被拐卖掉，既怕一人回家无法交代，又怕被送回陈处被其殴打，故要求李将其再转卖他人。李遂将刘某以 1 800 元转卖给王乙为妻。所得款 1 800 元除付陈某 1 700元外，剩余的 100 元自得。

为您说说法

《刑法》第二百四十条：拐卖妇女、儿童的，处五年以上十年以下有期徒刑，并处罚金；有下列情形之一的，处十年以上有期徒刑或者无期徒刑，并处罚金或者没收财产；情节特别严重的，处死刑，并处没收财产：

（一）拐卖妇女、儿童集团的首要分子；

（二）拐卖妇女、儿童三人以上的；

（三）奸淫被拐卖的妇女的；

（四）诱骗、强迫被拐卖的妇女卖淫或者将被拐卖的妇女卖给他人迫使其卖淫的；

（五）以出卖为目的，使用暴力、胁迫或者麻醉方法绑架妇女、儿童的；

（六）以出卖为目的，偷盗婴幼儿的；

（七）造成被拐卖的妇女、儿童或者其亲属重伤、死亡或者其他严重后果的；

（八）将妇女、儿童卖往境外的。

拐卖妇女、儿童是指以出卖为目的，有拐骗、绑架、收买、贩卖、接送、中转妇女、儿童的行为之一的。

给您提个醒儿

近年来，拐卖妇女、儿童犯罪在部分地区有所上升的势头没有得到有效遏制。此类犯罪严重侵犯被拐卖妇女、儿童的人身权利。致使许多家庭骨肉分离，甚至家破人亡，严重危害社会和谐稳定。尤其是广大农村地区，由于种种原因，历来是拐卖妇女、儿童的重灾区。事实上，有的妇女、儿童因为生活困难，或者在家庭中处于痛苦境地，而急于脱离家庭，愿意被他人拐卖的情况是存在的，但这并不能否认拐卖行为的严重社会危害性，因为把人当做“商品”进行贩卖牟利，其本身就严重侵犯了他人的人身权利。成立拐卖妇女罪并不能要求以违背妇女的意志为前提。因为设立本罪的目的是为了保护他人的人身自由和人格尊严，而人身不受买卖正是人格尊严的体现。正如生命和身体的完整性等重大法益不能自由处分一样，人之不能买卖的人格尊严也同样不能随意放弃。被害人的同意并不能成为阻却违法的事由。因此，只要行为人实施了拐卖行为，被害人主观上持何种态度不影响成立本罪。

本案中，吴某以介绍工作为名，将妇女刘某、黄某二人拐骗到陈某家，陈伙同他人违背本人意愿将黄某卖给了王甲为妻，后又将刘某卖出，陈某的行为已经构成拐卖妇女、儿童罪。

46. 花钱买老婆，未进洞房先进班房[①]

跟您说个事儿

江苏盱眙农民赵某到了而立之年还未成家，同在一个村庄的杨某欲为他找个“老婆”。2007 年 3 月 16 日，杨某将赵某带到自己的老家云南祥云县，托曹某（另案处理）为赵某介绍对象，许诺事成之后给“介绍费”2 000 元。曹某与邵某（另案处理）联系后，便将邵某等人欲出卖给他人为妻的 25 岁女子胡某介绍给赵、杨两人。23 日，在安排见面，赵某表示满意后，赵、杨两人付给曹某 2 000 元、邵某等人 5 600 元，并将胡某带至杨某的娘家。28 日，赵某、杨某携胡某乘坐火车到达南京站。在出口处，巡逻民警发现被牵女子目光有些呆滞，一旁两人形迹十分可疑，便当场盘查，并将涉嫌拐卖妇女的赵、杨两人抓获。经精神疾病司法鉴定，证实被害人胡某系精神发育迟滞（轻度），在婚姻问题上无民事行为能力。上海铁路运输中级法院所辖的南京铁路运输法院经审理认为，赵某、杨某在明知的情况下，收买被拐卖的妇女，其行为已构成收买被拐卖的妇女

① 案件来源 凤凰网，http：//news. ifeng. com/society/1/200708/0821_ 343_ 196957. shtml。

罪。鉴于赵、杨两人能自愿认罪，又系初犯、偶犯，犯罪情节较轻等情节，故依法从轻判处被告人赵某、杨某拘役6个月，缓刑6个月。

为您说说法

《刑法》第二百四十一条：收买被拐卖的妇女、儿童的，处三年以下有期徒刑、拘役或者管制。

收买被拐卖的妇女，强行与其发生性关系的，依照本法第二百三十六条的规定定罪处罚。

收买被拐卖的妇女、儿童，非法剥夺、限制其人身自由或者有伤害、侮辱等犯罪行为的，依照本法的有关规定定罪处罚。

收买被拐卖的妇女、儿童，并有第二款、第三款规定的犯罪行为的，依照数罪并罚的规定处罚。

收买被拐卖的妇女、儿童又出卖的，依照本法第二百四十条的规定定罪处罚。

收买被拐卖的妇女、儿童，按照被买妇女的意愿，不阻碍其返回原居住地的，对被买儿童没有虐待行为，不阻碍对其进行解救的，可以不追究刑事责任。

给您提个醒儿

收买被拐卖的妇女、儿童罪是指不以出卖为目的，收买被拐卖的妇女、儿童的行为。客体是人身的不受买卖性。是否违背被收买人的意志，不影响犯罪成立。客观方面表现为收买被拐卖的妇女、儿童的行为。所谓收买，是指以金钱或其他有经济价值的物资，换取被拐卖的妇女和儿童的行为。本罪是结果犯，只有买到被拐卖的妇女、儿童才构成本罪。主体为一般主体。主观方面是直接故意，并要求明知收买的对象是被拐卖的妇女、儿童，动机如何不影响认定。

本案中，被告人赵某为了娶妻，收买被拐卖的妇女，其行为已经构成了收买被拐卖的妇女罪。此外，收买被拐卖的妇女又进行人身侵害，构成其他犯罪的，将与本罪进行数罪并罚。在一些边远的山村，有些人因为娶不到媳妇或者没有子女就花钱买人，将人当做货品一样买卖，自认为一手交钱一手交“货”，一个愿打一个愿挨，殊不知已经触犯了刑法，应当追究刑事责任。

47. 买儿子是犯罪，聚众阻碍解救也是犯罪？[1]

跟您说个事儿

被告人崔某，男，46 岁，某村村长。

1999 年 8 月，县公安局干警去该村解救被拐卖儿童邹某（1990 年 10 月 12 日出生）。邹某是两年前被人拐卖到该村的，被该村 45 岁仍无子的崔某夫妇收买。该县是全国贫困县之一，由于贫困落后，宗族观念很强，买主又是所在村村长，这给解救工作带来了困难。公安人员经过研究决定智取。一天夜里，他们趁崔某不在家，来到邹某的住处，先控制住崔某的妻子，不准她乱喊乱叫。另几名干警带着邹某向村口摸去。不巧的是，被正从村外赶回来的崔某撞见，崔某看见警车又发现邹某被带走，知道了事情的大概，便立即跑到家中，迅速用喇叭向全村喊叫："抓坏人，有人绑架了。"村民闻讯，携带各种工具将警车团团围住，不明真相的群众向警察挥舞着棍棒，两名警察被当场打晕，邹某也被抢回藏匿。第二天，县政法委书记带领公检法的主要负责人和法警赶到村里，经过说服工作，终于将邹某解救了出来。

为您说说法

《刑法》第二百四十二条第二款：聚众阻碍国家机关工作人员解救被收买的妇女、儿童的首要分子，处五年以下有期徒刑或者拘役；其他参与者使用暴力、威胁方法的，依照前款的规定处罚。

给您提个醒儿

本案中崔某身为村长用喇叭呼喊群众、聚众阻碍解救被收买儿童的行为构成了聚众阻碍解救被收买的儿童罪。依照《刑法》规定，聚众阻碍解救被收买的妇女、儿童罪是指纠集、煽动多人阻碍国家机关工作人员解救被收买的妇女、儿童的行为。本罪所侵犯的客体为复杂客体，既包括国家机关工作人员依法解救被收买的妇女、儿童的公务活动，同时也包括被

---

① 案件来源 韩玉胜：《刑法各论案例分析》（第二版），201 页，北京，中国人民大学出版社，2004。

收买妇女、儿童的人身权利。本罪的主体包括两类人员，即在聚众犯罪中起组织、纠集、策划、指挥、煽动作用的首要分子和使用暴力、威胁方法的参与者。因此在处理时，应当严格区分首要分子、罪行重大者、积极参加者与被蒙骗群众的界限。

本案中，被告人崔某纠集本村村民围攻正在依法执行解救被收买的儿童邹某的公务活动的人民警察，使不明真相的群众将警车围住，并将两名执行公务的警察打晕，其行为已经严重阻碍了解救的正常活动，具备了聚众阻碍解救被收买的儿童罪的主客观要件，构成聚众阻碍解救被收买的儿童罪。

48. 诬告他人犯罪，自己才是犯罪[①]

跟您说个事儿

田某与孙某均系海林市某村的村民，2009 年 6 月，二人因土地纠纷发生了争吵，田某用锄头打伤了孙某。事情本该就此了结，但田某心有不甘，2009 年底，田某与妻子想出了一个报复孙某的“妙计”，夫妻二人计划先是放走自家耕牛，然后向公安机关报假案，栽赃是孙某盗走了他家耕牛。夫妻二人商量妥当后，由田某当天晚上放走了自家耕牛，伪造案发现场，田某妻子张某次日向公安报案，称其家中丢失四头耕牛，价值 16 000 余元。公安机关接到报案后，立即赶赴现场开展侦查工作。在现场勘查和询问过程中，公安人员发现了该案的种种疑点。在确凿证据面前，田某编织的谎言不攻自破，随后田某与其妻子张某因涉嫌诬告陷害罪被公安机关采取强制措施。法庭经过审理后认为，田某与张某因土地纠纷与孙某产生矛盾，为报复孙某，夫妻二人捏造自家耕牛丢失的事实，伪造现场，意图使孙某受到刑事追究，田某与张某构成了诬告陷害罪。考虑此案系民间纠纷引起的案件，二人的犯罪行为未造成严重后果，且已赔偿了被害人的经济损失，故酌情对二人从轻处理。判处田某有期徒刑 1 年，缓刑 2 年；判

① 案件来源　中国法院网，http://hlsfy.chinacourt.org/public/detail.php?id=76。

处张某有期徒刑6个月，缓刑1年。

为您说说法

《刑法》第二百四十三条：捏造事实诬告陷害他人，意图使他人受刑事追究，情节严重的，处三年以下有期徒刑、拘役或者管制；造成严重后果的，处三年以上十年以下有期徒刑。

国家机关工作人员犯前款罪的，从重处罚。

不是有意诬陷，而是错告，或者检举失实的，不适用前两款的规定。

给您提个醒儿

诬告陷害罪，是指捏造犯罪事实诬陷他人，意图使他人受刑事追究，情节严重的行为。本罪侵害的是他人的人身权利和司法机关的正常活动。作为对象的“他人”，可以是任何人。本罪的行为方式表现为捏造犯罪事实，进行告发，情节严重的行为。捏造犯罪事实和进行告发，是诬告陷害行为不可缺少的组成部分。首先，必须有捏造他人犯罪事实的行为。捏造，是指无中生有，虚构他人的犯罪事实。如果告发的是真实的事实，即使在情节上有所夸大，亦属检举失实，不能定罪。其次，捏造的必须是犯罪事实，如果捏造他人生活作风问题等事实，情节严重的，可构成诽谤罪。再次，还须有告发的行为。告发既可向司法机关告发，也可向被诬告者所在单位及其他有可能向司法机关转送的机关告发。告发的方式不影响本罪的成立。此外，还必须有特定的诬告对象。特定的诬告对象并不要求明确指出被诬告者的姓名，只要从诬告的内容中能推断出是谁，即为特定对象。至于被害人是否被错误地追究刑事责任，应作为量刑的情节考虑。最后，必须是情节严重的，才能构成本罪。在本案中，田某向公安机关报假案，栽赃孙某盗走了他家耕牛，意图使孙某受到刑事追究，不仅干扰了公安司法机关的正常活动，浪费警力及其他资源，还侵害了孙某的人身权利，其行为已经构成了诬告陷害罪。

49. 制造现代“包身工”也是犯罪?

跟您说个事儿

案例 1

罗某今年 25 岁，镇雄县仙水井村人，2001 年，曾因抢劫被官渡区法院判处有期徒刑 3 年，2002 年 7 月减刑释放。由于一直没有固定职业，他开始四处寻找挣钱的法子。后来，罗某从他人手中承包西昌路某住宅小区工地的部分基础工程，并通过他人介绍招了 10 余名农民工到工地干活。从 2007 年 11 月到 2008 年 1 月，罗某指派其手下李某、赵某等人，对招来的 10 余农民工限制人身自由，并以暴力、威胁的手段强迫其超时劳动，且不付报酬，为防止脱逃还对他们实施非法拘禁。长时间的劳动，工人们疲惫不堪，加上被限制自由和恶语相加，工人们受到身体和精神的双重摧残。其中一名工人设法逃离后，立即报了警。根据线索，公安机关迅速出动，将罗某、李某及赵某抓获，并将其他 10 余名农民工成功解救。

案例 2

2004 年 2 月份，被告人阮某经人介绍在临颍县沃城镇承包一个砖窑场的制坯机加工土坯，为获取利益，先后通过张某等人从洛阳市劳务市场上以高工资诱骗民工郭某、陈某等 20 余人到其承包的砖窑场打工。被告人阮某强迫民工每天干活长达十六七个小时，且不发工资，为防止民工逃跑，还把所有民工的身份证扣下，并伙同被告人李某、薛甲、张某、薛乙、付某等人对民工进行监视、看管，对干活慢及逃跑的民工进行殴打，强迫民工劳动。2004 年 7 月 27 日，临颍县人民检察院以被告人阮某、李某、薛甲、张某、薛乙、付某等人涉嫌犯罪，依法向临颍县人民法院提起公诉。法院经审理认为，被告人阮某、李某、薛甲、张某、薛乙、付某违反劳动管理法规，以限制他人人身自由、殴打等方法强迫职工长时间从事重体力劳动，情节严重，其行为均已构成强迫职工劳动罪①。被告人阮某、李某刑满释放后五年内又重新犯罪，属累犯，应从重处罚。故依照《中华人民共和国刑法》之规定，判决被告人阮某犯强迫职工劳动罪，判

---

① 2011 年 5 月 1 日起施行的《刑法修正案（八）》已将该罪名改为“强迫劳动罪”。

处有期徒刑三年，并处罚金5 000元。被告人李某犯强迫职工劳动罪，判处有期徒刑两年，并处罚金3 000元。被告人薛甲犯强迫职工劳动罪，判处有期徒刑一年，并处罚金3 000元。被告人张某犯强迫职工劳动罪，判处有期徒刑十个月，并处罚金3 000元。被告人薛乙犯强迫职工劳动罪，判处拘役四个月，并处罚金3 000元。被告人付某犯强迫职工劳动罪，判处拘役四个月，并处罚金1 000元。

为您说说法

《刑法》第二百四十四条：以暴力、威胁或者限制人身自由的方法强迫他人劳动的，处三年以下有期徒刑或者拘役，并处罚金；情节严重的，处三年以上十年以下有期徒刑，并处罚金。

明知他人实施前款行为，为其招募、运送人员或者有其他协助强迫他人劳动行为的，依照前款的规定处罚。

单位犯前两款罪的，对单位判处罚金，并对其直接负责的主管人员和其他直接责任人员，依照第一款的规定处罚。

《最高人民检察院、公安部关于公安机关管辖的刑事案件立案追诉标准的规定（一）》（2008年6月25日）第三十一条［强迫职工劳动案（《刑法》第二百四十四条）］用人单位违反劳动管理法规，以限制人身自由方法强迫职工劳动，涉嫌下列情形之一的，应予立案追诉：

（一）强迫他人劳动，造成人员伤亡或者患职业病的；

（二）采用殴打、胁迫、扣发工资、扣留身份证件等手段限制人身自由，强迫他人劳动的；

（三）强迫妇女从事井下劳动、国家规定的第四级体力劳动强度的劳动或者其他禁忌从事的劳动，或者强迫处于经期、孕期和哺乳期妇女从事国家规定的第三级体力劳动强度以上的劳动或者其他禁忌从事的劳动的；

（四）强迫已满十六周岁未满十八周岁的未成年人从事国家规定的第四级体力劳动强度的劳动，或者从事高空、井下劳动，或者在爆炸性、易燃性、放射性、毒害性等危险环境下从事劳动的；

（五）其他情节严重的情形。

给您提个醒儿

修改前的《刑法》第二百四十四条规定：用人单位违反劳动管理法规，以限制人身自由方法强迫职工劳动，情节严重的，对直接责任人员，处三年以下有期徒刑或者拘役，并处或者单处罚金，即“强迫职工劳动罪”的规定。为了加强对弱势群体的保护力度，《刑法修正案（八）》对该罪名进行了修改。一是将犯罪主体由“用人单位”扩大为一般主体。近年来，社会上出现一些地方“黑煤窑”强迫他人从事劳动的情况，社会危害性很大。但因其没有办理合法手续，司法实践中对能否以“用人单位”追究其刑事责任存在争议，为此，《刑法修正案（八）》将本罪的犯罪主体由“用人单位”扩大到个人和单位在内的一般主体。二是将犯罪对象由“职工”修改为“他人”。我国现阶段的现实状况是，劳动者不仅包括与用人单位存在劳动关系的职工，也包括一些被非法招募的工人。为了更加全面地对各种劳动者提供刑法保护，《刑法修正案（八）》删除了“用人单位违反劳动管理法规”的规定，将犯罪对象由“职工”修改为“他人”，罪名相应地修改为“强迫劳动罪”。三是提高法定刑，将法定刑由“处三年以下有期徒刑或者拘役，并处或者单处罚金”，调整为“处三年以下有期徒刑或者拘役，并处罚金；情节严重的，处三年以上十年以下有期徒刑，并处罚金”，即将本罪的法定最高刑提高到十年有期徒刑。四是将为强迫劳动的单位和个人招募、运送人员或者以其他手段协助强迫他人劳动的行为规定为犯罪，以本条规定的罪名追究刑事责任。

50. 侵入他人住宅也是犯罪吗？[①]

跟您说个事儿

被告人王某和吴某夫妇两家为左右院邻居，因为两家在20世纪80年代盖房时发生了矛盾，致使平时关系一直不好，经常发生纠纷。2007年5月的一个晚上，王某和小斌、李某在饭店吃饭、喝酒。喝酒过程中小斌说起王某家邻居吴某砸其家玻璃的事，王某很是气愤，于是几人就商量一起到吴某家出出气。晚上9点多，3人开车返回，把车停在王某家后来到吴某家，敲门之后没有人应答，几人便用脚强行踹开大门，踹开后，王某又踢踹房屋铝合金门，把门上的玻璃踹坏。几人纠打起来，吴某丈夫手持铁

① 案件来源 中国检察网，http：//www. cnjccn. net/anjiananli/news46322. html。

管与小斌、李某对打。后王某母亲及警察到场才停止争斗，吴某身体造成了轻微伤。当地公安机关以非法侵入住宅立案侦查，检察院依法向人民法院提起公诉，法院以非法侵入他人住宅罪判处王某拘役6个月缓刑1年，小斌、李保拘役4个月缓刑8个月。

为您说说法

《刑法》第二百四十五条：非法搜查他人身体、住宅，或者非法侵入他人住宅的，处三年以下有期徒刑或者拘役。

司法工作人员滥用职权，犯前款罪的，从重处罚。

给您提个醒儿

本案中，几名被告人的行为虽损坏的财物数额不大，没有造成重大的人身伤害，但根据我国法律已构成了非法侵入住宅罪。非法侵入他人住宅，是指未经住宅主人的同意，没有正当理由擅自闯入他人居住的场所，影响他人生活安宁，或者住宅主人要求退出，但无理取闹拒不退出的行为。犯罪对象必须是他人的住宅，供人居住和生活的场所都应视为住宅。其范围，有院墙的以院墙为界，没有院墙的或者公寓楼群，应以居室为界。司法实践中，非法侵入他人住宅往往是其他犯罪的手段行为，如闯入他人住宅进行盗窃、抢劫、行凶等犯罪活动。这种情况属于牵连犯，应择一重罪处罚。

51. 以暴力方法公然侮辱他人，刑法如何处罚？①

跟您说个事儿

肖甲与邻村女青年尤某按传统仪式订了婚，但未领取结婚证。后尤某嫌弃肖甲有狐臭，托媒人辞掉婚事，并将彩礼退回，另与他人订婚。肖甲

① 案件来源 阮齐林、康瑛：《刑法案例研习教程》，北京，高等教育出版社，2005。

极度不满，便与堂兄肖乙商议，让尤某“出出丑”、“臭了她的名声”。某日，尤某到县城逛庙会，二肖尾随其后。至人多繁华处，二肖高声谩骂尤某是“破鞋”、“狐狸精”、“不要脸”等等，引来了多人围观。肖甲还对众人讲“她已经让我睡过了，怀过我的孩子，她小肚子上有黑毛，嫁谁克谁”等等，无中生有地编造下流之词进行攻击。肖乙还将稀泥和粪便抹在尤某的脸上，并欲撕破尤某的衣服，被他人制止。二肖对尤某肆意侮辱达半小时，围观者数百人。致使尤某羞愤难当，回家后即服用农药自尽。法院以侮辱罪判处肖甲有期徒刑3年，判处肖乙有期徒刑1年6个月。

为您说说法

《刑法》第二百四十六条：以暴力或者其他方法公然侮辱他人或者捏造事实诽谤他人，情节严重的，处三年以下有期徒刑、拘役、管制或者剥夺政治权利。

前款罪，告诉的才处理，但是严重危害社会秩序和国家利益的除外。

给您提个醒儿

本案属于较为典型的暴力公然侮辱案。被告人肖甲、肖乙在主观上为了羞辱他人，在客观上公然实施了情节严重的侮辱他人的行为，具备侮辱罪的犯罪构成。此外，侮辱罪必须情节严重才能构成。被告人肖甲、肖乙，在公众场合对被害人实施了言辞谩骂、暴力涂抹污秽物、撕破衣服等严重侮辱行为，侮辱时间长、侮辱手段多样且恶劣，最终竟导致被害人受辱自杀身亡，足以认定情节严重。

52. 上网发帖诽谤他人，同样触犯刑律[①]

跟您说个事儿

2008年3月，被告人杨某与被害人闫某在北京相识后恋爱并同居。

① 案件来源 中国雅虎资讯中心，http://news.cn.yahoo.com/10-04-/711/2k3uj.html。

在同居期间，杨某用数码相机给闫某拍摄了裸照和两人的性爱视频并保存。2009 年 6 月，闫某提出分手并要求杨某将裸照及视频删除，闫家人也反对两人继续来往，杨某遂恼羞成怒。同年 8 月，杨某将闫某的裸照和性爱视频截图制成宣传单，两次来到闫某原籍，以闫某的居住地为中心向周围散发，对闫某及其家人造成极大负面影响。之后，被告人杨某在互联网上申请 QQ 号码、开通博客、登录贴吧，以闫某的名义将裸照、性爱视频截图和录像传至互联网上，并编造闫某被其继父强奸、在北京当“小姐”卖淫、患有艾滋病等内容，在互联网上进行散布。杨某还公布了自己掌握的 282 个手机号码，捏造其号码持有人为闫某的嫖客等信息，在互联网上大肆传播。杨某还用两个手机号码以闫某的名义多次向闫某的亲朋发送闫某的裸照及侮辱性语言文字等。2009 年 10 月 18 日，闫某报案至容城县公安局。容城县人民法院经审理认为，被告人杨某利用散发、传播他人裸照、性爱视频截图等方式公然泄漏他人隐私，故意捏造被害人被强奸、当“小姐”和患有艾滋病等虚假事实，在互联网上迅速传播，引发了网民的广泛关注，各类新闻媒体争相报道，各大门户网站纷纷转载，严重损毁了闫某的人格和名誉，严重危害了社会秩序，其行为已构成侮辱罪、诽谤罪。法院以侮辱罪判处被告人杨某有期徒刑 2 年，以诽谤罪判处被告人杨某有期徒刑 2 年，决定对被告人杨某执行有期徒刑 3 年。

为您说说法

《刑法》第二百四十六条：以暴力或者其他方法公然侮辱他人或者捏造事实诽谤他人，情节严重的，处三年以下有期徒刑、拘役、管制或者剥夺政治权利。

前款罪，告诉的才处理，但是严重危害社会秩序和国家利益的除外。

给您提个醒儿

诽谤罪，是指故意捏造并散布某种事实，损坏他人人格，破坏他人名誉，情节严重的行为。客体是公民的人格尊严和名誉权。对象是特定的人。客观方面表现为，捏造并散布某种事实，损坏他人人格，破坏他人名誉的行为。所谓捏造，是指无中生有，凭空捏造虚假事实。如果传播的是客观存在的或者略有夸张的事实，不构成本罪，但可构成侮辱罪。所谓散布，是指用语言或文字的方式扩散捏造的内容，使众人知道。本罪主体为一般主体。主观方面是出于直接故意，并具有贬低、损坏他人人格、名誉的目的。

本案中，被告人杨某捏造被害人闫某被其继父强奸、在北京当“小姐”卖淫、患有艾滋病等内容，在互联网上进行散布，造成了恶劣影响，属于“情节严重”的情形，故此，人民法院的处理结果是恰当的。

53. 宪法赋予权利必须重视，破坏选举应受刑法惩罚①

跟您说个事儿

案件发生在2007年11月。曹某是辽宁省灯塔市烟台街道办事处某村党支部书记，曾担任灯塔市第二届、第三届人大代表。2007年初，该村多名村民曾向有关部门反映，村委会未经有关部门批准，采取“未批先征”的手段，非法占用村集体耕地76.8亩，用于新农村建设。此事一出，立即引起有关部门的高度重视。2007年5月，灯塔市纪委根据辽阳市国土资源局的初查报告作出决定：给予烟台街道办事处村党支部书记曹某党内严重警告处分。曹某也因此被取消人大代表候选人的资格。曾担任过两届人大代表，自己又是该村党支部书记，这次竟然连参选的机会都没有，曹某越想越不甘心。于是，他找来当时的村委会委员陈某，对他许诺说：“我要是当选了人大代表，就让你当村委会副主任。”陈某自然心领神会，怎么说也是亲戚，曹某要是当选了，自己肯定也八九不离十了。然而，曹、陈二人，一个是党支部书记，一个是村委会委员，有许多事不方便直接出面。他们决定选择一个能为自己办事的“代言人”。他们把目光锁定在刘某（在本村颇有“办事能力”，曾因盗窃罪被判处有期徒刑十年）的身上，让刘某负责协调其中琐事。既然曹某被取消了人大代表候选人资格，那么，只要恢复其代表资格就可以了。刘某觉得事情并不难办。他找

① 案件来源 网易新闻，http：//news.163.com/10/1220/09/6OBAQM7400014AEE.html。

来自己的死党，到镇政府、市政府甚至是市人大闹事，企图通过给上面施压，达到恢复曹某人大代表候选人资格的目的。然而，得到的答复是：不管是不是候选人，只要通过选举，得到百姓认可，就能当选人大代表。在曹某的运作下，刘某被任命为村选举委员会主任。当曹某得知刘某的儿子结婚急需用钱时，先后两次借给刘某 3 万元人民币，刘某对此感激不尽。为了帮助曹某实现连任的愿望，刘某找来与自己私交甚好的本村村民石某、於某做监票人，并承诺每天付给他们每人 50 元至 100 元的好处费。曹某还不失时机、道貌岸然地要求选举委员会一定要坚持公开、公平、公正的原则，要挨门挨户征求意见，尤其是对他有意见的村民，更要走到。对于曹某的“指示”，刘某自然领会：先堵住反对曹某的村民的嘴，其他村民就好解决了。但是，还有一个难题，另外两名候选人，吴某和阚某都深受村民爱戴，群众基础好，如果公选的话肯定能选上。若想要曹某当选，就必须挤掉其中一个人。于是，刘某一不做二不休，与石某、於某一起，把选票上吴某和阚某的名字全部划掉，换上曹某的名字。就这样，按照刘某的指示，石某、於某二人抱着票箱开始到各个村民家中划票，尤其是先到明显反对曹某的村民家去划票。之后，为掩人耳目，他们二人来到村内一临时住户张某的家里，石某、於某和张某（另案处理）再用空白选票重新划票。最终，曹某再次当选人大代表，而吴某和阚某落选。村民们都觉得事有蹊跷，不相信这次选举的结果，匿名信如雪片般寄到市纪委。举报信反映曹某、刘某等人在选举过程中涉嫌犯罪，建议追究其责任。2009 年 12 月 28 日，犯罪嫌疑人刘某、石某、於某被抓捕归案（主谋曹某当时在逃），3 人对自己的犯罪事实供认不讳。2010 年 8 月 30 日，灯塔市检察院以破坏选举罪对犯罪嫌疑人刘某、於某、石某依法提起公诉。灯塔市法院认为，被告人刘某、石某、於某 3 人在选举人大代表过程中伪造选票，破坏了选举秩序，均构成破坏选举罪，分别判处被告人刘某有期徒刑 2 年，缓刑 3 年；被告人石某和於某，均被判处有期徒刑 1 年，缓刑 2 年。

为您说说法

《刑法》第二百五十六条：在选举各级人民代表大会代表和国家机关领导人员时，以暴力、威胁、欺骗、贿赂、伪造选举文件、虚报选举票数等手段破坏选举或者妨害选民和代表自由行使选举权和被选举权，情节严重的，处三年以下有期徒刑、拘役或者剥夺政治权利。

给您提个醒儿

破坏选举罪，是指以暴力、威胁、欺骗、贿赂、伪造选举文件、虚报选举票数等手段破坏选举或者妨害选民和代表自由行使选举权和被选举权，情节严重的行为。本罪侵害的是公民的选举权、被选举权以及国家的选举制度。选举权与被选举权，是指选举和被选举为各级人民代表大会代表和国家机关领导人员的权利。国家选举制度，是指各级国家权力机关代表和国家机关领导人员的选举制度。本罪的对象是选举工作人员或普通选民。首先，本罪的行为必须是在选举各级人民代表大会代表和国家机关领导人期间实施。其次，必须实施了破坏选举的行为。破坏选举的行为主要表现为两个方面：一是破坏选举工作的正常进行；二是妨害选民以及代表自由行使选举权和被选举权。最后，破坏选举行为还必须是情节严重的。所谓“情节严重”，一般是指使多数选民或者代表不能行使选举权和被选举权的；致使选举结果严重违背民意的；破坏选举造成重大不良社会、政治影响等。

在本案中，曹某等人为达到当选人大代表目的，采取威胁、欺骗、伪造选举文件等手段，妨害选民和代表自由行使宪法所赋予的选举权和被选举权，已经触犯了刑事法律规定，构成了破坏选举罪。

54. 以暴力方式强迫他人离婚，构成何罪？①

跟您说个事儿

被告人李某，男，32 岁，农民。

李某曾与本村一有夫之妇郭某有往来。2000 年 3 月，两人外出同居 10 余天，并商定待郭离异后两人结婚。后来，郭某觉得对不住丈夫和两个年幼的孩子，便提出与李某断绝关系。但是，李某却不罢休，多次强迫郭某与自己结婚。遭到拒绝后，李某便经常谩骂、殴打郭某，还多次到郭

① 案件来源 《华商报》，2002-11-11。

某娘家闹事。期间村组干部和派出所民警曾多次对其批评教育，不思悔改，反而变本加厉，竟扬言要打死郭某。2001 年 11 月 5 日，李某又一次到郭家门前闹事，用玻璃杯猛击郭某的头部，并将其打倒在地，紧掐其脖子，致郭某头破血流。11 月 28 日晚，长期遭受恐吓、羞辱的郭某服毒自杀。该市人民法院以暴力干涉婚姻自由罪，一审判处李某有期徒刑 4 年，并赔偿该案附带民事诉讼原告人郭某的丈夫经济损失 2 万余元。

为您说说法

《刑法》第二百五十七条：以暴力干涉他人婚姻自由的，处二年以下有期徒刑或者拘役。

犯前款罪，致使被害人死亡的，处二年以上七年以下有期徒刑。

第一款罪，告诉的才处理。

给您提个醒儿

婚姻自由，是我国婚姻法的一项基本原则，也是我国公民享有的一项重要权利。暴力干涉婚姻自由罪，是指以暴力手段干涉他人行使婚姻自由权利的行为。这里所规定的“暴力”，是指使用捆绑、吊打、禁闭等手段，使被干涉者不能行使婚姻自由的权利。“暴力干涉”是构成本罪的主要特征，没有使用暴力的不构成本罪；如果行为人采取的暴力行为不足以干涉被害人行使婚姻自由权利的，也不构成本罪。“致使被害人死亡”，主要是指行为人使用暴力干涉他人婚姻自由的犯罪行为致使被害人自杀身亡等。

本案中被告人李某强迫郭某与自己结婚，在遭到拒绝后，经常谩骂、殴打郭某，还多次到郭某娘家闹事。期间村组干部和派出所民警曾多次对其进行批评教育，不思悔改，反而变本加厉，竟扬言要打死郭某。被告人的行为目的就是要通过这种方式达到迫使被告人与其结婚的目的，被告人的行为最终造成被害人不堪遭受恐吓、羞辱而自杀的严重危害结果。被告人的行为构成了暴力干涉婚姻自由罪，因致使被害人死亡，故此应在二年以上七年以下有期徒刑区间内处刑，法院的判决结果是恰当的。

55.“齐人之福”享不得

跟您说个事儿

自诉人阎某，男，35岁，农民；

被告人王某，女，34岁，农民；

被告人何某，男，35岁，农民。

被告人王某1988年9月在其家乡与阎某办理了结婚登记手续，并于1991年6月生有一女。1993年王某只身到某市打工，期间认识当地农民何某并开始同居。被告人王某为了与何某结婚，委托老家的亲戚疏通环节，于1999年8月由其家乡的乡政府出具了证实王某未婚的婚姻状况证明及有关材料，然后在2000年2月21日持上述证明与何某办理了结婚登记手续。其家乡的丈夫阎某闻讯后赶到该市，得知王某与何某建立非法婚姻关系，便以两人犯重婚罪为由，向某人民法院提起刑事诉讼，要求追究刑事责任。该人民法院审理后，依法判决王某犯重婚罪，判处有期徒刑1年，缓刑1年；解除被告人王某与何某的非法婚姻关系。何某是因为被告人王某隐瞒了自己已结婚的事实，而上当受骗与之结婚，其行为不能以重婚罪论处，所以判决何某无罪。①

为您说说法

《刑法》第二百五十八条：有配偶而重婚的，或者明知他人有配偶而与之结婚的，处二年以下有期徒刑或者拘役。

给您提个醒儿

重婚罪的犯罪主体为一般主体，包括两种人，其一是已有配偶的人，在没有依法解除合法婚姻关系的情况下，又与他人结婚者；其二是本人无配偶，但明知他人有配偶而与之结婚者。本案中，被告人王某在没有与其丈夫解除婚姻关系的情况下，通过出具假的证明文件，又与何某登记结婚，属于在没有依法解除合法婚姻关系的情况下又与他人结婚的情况，符

① 案件来源 王志亮：《刑法分则案例教程》，北京，北京大学出版社，2005。

合重婚罪的犯罪主体要件。从主观方面要件来看，被告人王某在没有与其丈夫解除婚姻关系的情况下，通过出具假的证明文件，又与何某登记结婚，属于在没有依法解除合法婚姻关系的情况下又与他人结婚的情况，其重婚的故意和目的是明显的，符合重婚罪的主观方面要件。而被告人何某是因为被告人王某隐瞒了自己已结婚的事实，而上当受骗与之结婚的，他没有重婚的故意，其行为不能以重婚罪论处。

根据法律规定，重婚罪包括以下两种人的重婚行为：其一，有配偶的人在婚姻关系存续期间又与第三者（有配偶或无配偶的人）结婚。严格讲，结婚应指经国家婚姻登记机关批准，领取结婚证而建立起的婚姻关系。但是，多年以来，在司法实践中，对于有配偶的人与第三者虽然没有进行登记结婚，但两人确是以夫妻关系相待并且同居，对外也以夫妻自居，即形成事实上的婚姻关系的，也以重婚论处。其二，无配偶的人明知他人有配偶而与之结婚。严格讲，无配偶的人是不存在重婚的，理论上通常称其为“相婚人”。但是，因为他与有配偶的人结婚，后者是重婚，他也就成为重婚案件的当事人一方，形成事实上的共犯，所以，我国刑法对其也以重婚罪论处。

本案中，被告人王某与阎某办了结婚登记手续并生一女后，到某市打工期间认识了当地农民何某并开始同居。被告人王某为了与何某结婚，持由其家乡的乡政府出具的证实王某未婚的婚姻状况假证明及有关材料，与何某办理了结婚登记手续，因而实施了重婚行为，符合重婚罪的客观方面要件。即使在本案中，王某没有与何某登记结婚，但以夫妻名义共同生活，周围的群众也认为他们是夫妻关系，其仍然构成重婚罪。

56. 虐待老人伤天害理，触犯刑律应受惩罚[①]

跟您说个事儿

今年63岁的李某是宜阳县樊村乡人，婚后在其与婆婆谷某共同生活

① 案件来源 中顾法律网，http：//news. 9ask. cn/zwzt/zwal/200909/238065. html。

中，关系不睦，不善待婆婆，经常用言语和行为对婆婆实施虐待。2009年5月3日早上，李某与丈夫王某因琐事发生口角，已93岁的婆婆谷某见李某辱骂王某便上前劝阻，李某动手打了谷某，后又将谷某拉到屋内按到床上用手卡谷某的脖子，直到李某的一个儿媳妇听到谷某喊叫救命声赶到场后李某才停手。5月13日早上，王某为母亲谷某做了一碗鸡蛋汤，李某见状，便用刻薄性言语侮辱谷某，谷某因不堪忍受便将鸡蛋汤泼掉后走出家门，李某到门口指住谷某进行谩骂，并强行拉谷某回家，因遭到邻居的制止李某才住手。当天中午，谷某缢死在自己居住的屋内。事后，村里人看不过，有人匿名举报，宜阳警方介入侦查，案发3天后李某被刑拘。法院审理认为：被告人李某经常虐待其90多岁的婆婆谷某并致其死亡，其行为已构成虐待罪。公诉机关指控成立，予以支持。宜阳县人民法院以虐待罪判处被告人李某有期徒刑5年。

为您说说法

《刑法》第二百六十条：虐待家庭成员，情节恶劣的，处二年以下有期徒刑、拘役或者管制。

犯前款罪，致使被害人重伤、死亡的，处二年以上七年以下有期徒刑。

第一款罪，告诉的才处理。

给您提个醒儿

虐待罪，是指经常以打骂、冻饿、禁闭、有病不予治疗、强迫过度劳动或限制人身自由、凌辱人格等方法，对共同生活的家庭成员进行肉体上、精神上的摧残和折磨，情节恶劣的行为。本罪的客体是复杂客体，既包括共同生活的家庭成员在家庭生活中的平等权利，又包括其人身权利。对象是共同生活的家庭成员。本罪的客观方面，表现为经常对家庭成员进行虐待的行为。首先，虐待行为可概括为肉体上与精神上的摧残、折磨两个方面。虐待的手段可以是多种多样的，如殴打、捆绑、针扎、火烫、体罚等肉体虐待和侮辱人格、咒骂、讽刺、不让参加社会活动等精神上的虐待。其次，虐待行为的方式既可表现为作为，也可表现为不作为。但只是纯粹不作为则不能构成虐待罪，如有病不给治疗、不给饭吃等行为，可能构成遗弃罪。最后，这种摧残、折磨必须具有经常性、持续性、一贯性的特点。如果仅是偶尔实施虐待行为，一般不构成本罪。虐待行为对家庭成员造成的身心损害是长期形成的。此外，本罪在客观方面要求虐待必须达到情节恶劣的程度。本罪的主体为特殊主体，只能是与被虐待人共同生活在一个家庭之中，具有亲属关系的成员。本罪的主观方面只能是直接故意。

本案中，被告人李某虽为人媳，并为人母，本应孝敬婆婆、垂范子孙，使年高者老有所养，让年幼的子孙懂得孝顺，使自己亦可安度晚年。但其却寡廉鲜耻，经常对90多岁的婆婆辱骂殴打，致其死亡。其所作所为令人不齿，让人发指。若不对其从严惩处，既不足以警示后人，也难平民愤。

57. 天赐一女，为何遗弃？①

跟您说个事儿

被告人余某，鲁山县某镇农民。2009年9月14日，余某因嫌弃妻子王某生了一女，遂将刚满月的女儿通过他人介绍以22 000元价格卖给河北省邢台市的周某夫妇。事情发生后，王某悲痛欲绝，要求丈夫将女儿抱回，但遭到丈夫拒绝。后王某一气之下来到公安机关，状告丈夫遗弃罪。2009年9月25日，余某被公安机关依法刑事拘留。2010年1月23日，在公安机关努力下，王某女儿终于又回到了母亲怀抱。法院经审理认为，余某对没有独立生活能力的女儿负有扶养义务而拒绝扶养的行为构成了遗弃罪，据此，依据刑法有关规定，余某被判拘役6个月。

为您说说法

《刑法》第二百六十一条：对于年老、年幼、患病或者其他没有独立生活能力的人，负有扶养义务而拒绝扶养，情节恶劣的，处五年以下有期徒刑、拘役或者管制。

---

① 案件来源　中国检察网，http://www.cnjccn.net/anjiananli/news7137.html。

给您提个醒儿

遗弃罪，是指对于年老、年幼、患病或者其他没有独立生活能力的人，负有扶养义务而拒绝扶养，情节恶劣的行为。客体是被遗弃人受扶养的权利。对象是年老、年幼、患病或其他没有独立生活能力的家庭成员。客观方面表现为，对年老、年幼、患病或其他没有独立生活能力的家庭成员应当扶养而拒绝扶养的行为。遗弃行为，必须情节恶劣的，才构成犯罪。所谓情节恶劣，应综合考察行为的手段、后果、动机等。主要如遗弃致被害人流离失所的；在虐待后又遗弃的；动机极其卑鄙的；遗弃造成恶劣社会影响的；遗弃而致使被害人伤亡的；遗弃者屡教不改的，等等。主体为特殊主体，即对被遗弃人负有法律上的扶养义务，具有扶养能力的自然人。扶养义务是广义的，包括扶养义务、赡养义务和抚养义务。主观方面为直接故意，动机如何，不影响本罪的成立。

本案中，被告人余某因重男轻女的封建思想作祟，将亲生女儿卖给他人，拒绝承担抚养义务，见其尚未造成严重危害后果，故此法院予以轻判。

58. 求子心切，偷走他人孩子也是犯法

跟您说个事儿

被告人唐某，女，40岁，农民。

被告人唐某由于没有生育能力，一直非常想抱养一个孩子。一日，唐某坐火车偶遇康某（女）。康某带着仅有一岁半的儿子乘火车前往云南思茅，看望随部队驻扎在此的丈夫。因为儿子小，东西又带得多，康某一上车就有些手忙脚乱。这时坐在对面的唐某主动帮助康某摆放行李，并打来热水，康某非常感激。开车后，唐某主动与康某搭话，一再夸赞康某的儿子张某可爱、伶俐，并买了小吃，将孩子抱在自己怀里，逗着他玩，并且心中渐渐产生了将孩子拐走的念头。列车驶近一小站时，康某想去上厕所，但又见车上人很多，有些犹豫，唐某便表示有她在没有问题，康某便

去了厕所。康某走后，唐某乘着人多，带着孩子下了车。由于车上人多，加上车在这个小站停了3分钟，等康某回到座位时，已经过去近30分钟。这时康某发现，唐某和儿子都不见了，才知道唐某已经将孩子拐骗走了。后唐某将孩子带回家中以捡来的为名，将其抚养，3个月后被公安人员找到。

为您说说法

《刑法》第二百六十二条：拐骗不满十四周岁的未成年人，脱离家庭或者监护人的，处五年以下有期徒刑或者拘役。

给您提个醒儿

本案中，唐某的行为构成拐骗儿童罪。拐骗儿童罪表现为使用欺骗、利诱等手段，使不满14周岁的未成年人脱离父母的监护和控制的行为。本案被告人唐某出于自己抚养的动机，在主观上有使孩子脱离其父母的故意，为了达到目的，被告人见孩子的母亲在火车上独自一人照顾一个仅有一岁半的孩子有些力不从心，以帮助照料孩子为名，骗取孩子母亲的信任，趁其不备，将孩子带走，侵犯了他人的家庭关系和孩子的合法权益。因此，唐某的行为完全符合拐骗儿童罪的特征，应当按照《刑法》第二百六十二条的规定追究其刑事责任。

第五篇

59. 只抢三只鸡，就要判十年？
60. 偷盗他人耕牛，该当何罪？
61. 成婚心切，须防“骗婚”
62. 明抢财物，构成何罪？
63. 聚众哄抢是犯罪，法不责众是空谈
64. 他人钱财不可贪，拒不交出是犯罪
65. 挪用防汛款，即使没装入自己腰包也是犯罪
66. 明明有理变没理，勒索钱财成被告
67. 故意毁坏他人财物，应如何处罚？
68. 什么是破坏生产经营罪？
69. 恶意欠薪是犯罪，吸人血汗法难容

侵犯财产罪

59. 只抢三只鸡，就要判十年?[①]

跟您说个事儿

陈某是一名来江苏太仓的打工人员。2007 年 7 月 18 日下午，他和周某（另案处理）驾驶摩托车来到太仓市浏河镇某村一户农家。趁着这户农家没有关门，两人偷偷溜进院内，抓走了该农户家中养的 3 只草鸡。户主发现后，马上冲出来制止。周某携带 3 只草鸡先逃跑，陈某为抗拒抓捕，在该农户家中厨房内拿了菜刀，对户主进行殴打，并持菜刀进行威胁，然后逃离现场。2007 年 11 月 1 日，陈某被太仓法院以抢劫罪判刑 10 年，剥夺政治权利 3 年，并处罚金 2 000 元。

为您说说法

《刑法》第二百六十三条：以暴力、胁迫或者其他方法抢劫财物的，处三年以上十年以下有期徒刑，并处罚金；有下列情形之一的，处十年以上有期徒刑、无期徒刑或者死刑，并处罚金或者没收财产：

（一）入户抢劫的；

（二）在公共交通工具上抢劫的；

（三）抢劫银行或者其他金融机构的；

（四）多次抢劫或者抢劫数额巨大的；

（五）抢劫致人重伤、死亡的；

（六）冒充军警人员抢劫的；

（七）持枪抢劫的；

（八）抢劫军用物资或者抢险、救灾、救济物资的。

第二百六十九条：犯盗窃、诈骗、抢夺罪，为窝藏赃物、抗拒抓捕或者毁灭罪证而当场使用暴力或者以暴力相威胁的，依照本法第二百六十三条的规定定罪处罚。

《最高人民法院关于审理抢劫、抢夺刑事案件适用法律若干问题的意见》（2005 年 6 月 8 日）：

---

① 案件来源　名城苏州网，http：//news. 2500sz. com/news/sz/2007/11/2/sz-9-10-44-1938. shtml。

一、关于“入户抢劫”的认定

根据《抢劫解释》第一条规定，认定“入户抢劫”时，应当注意以下三个问题：一是“户”的范围。“户”在这里是指住所，其特征表现为供他人家庭生活和与外界相对隔离两个方面，前者为功能特征，后者为场所特征。一般情况下，集体宿舍、旅店宾馆、临时搭建工棚等不应认定为“户”，但在特定情况下，如果确实具有上述两个特征的，也可以认定为“户”。二是“入户”目的的非法性。进入他人住所须以实施抢劫等犯罪为目的。抢劫行为虽然发生在户内，但行为人不以实施抢劫等犯罪为目的进入他人住所，而是在户内临时起意实施抢劫的，不属于“入户抢劫”。三是暴力或者暴力胁迫行为必须发生在户内。入户实施盗窃被发现，行为人为窝藏赃物、抗拒抓捕或者毁灭罪证而当场使用暴力或者以暴力相威胁的，如果暴力或者暴力胁迫行为发生在户内，可以认定为“入户抢劫”；如果发生在户外，不能认定为“入户抢劫”。

二、抢劫罪的既遂、未遂的认定

抢劫罪侵犯的是复杂客体，既侵犯财产权利又侵犯人身权利，具备劫取财物或者造成他人轻伤以上后果两者之一的，均属抢劫既遂；既未劫取财物，又未造成他人人身伤害后果的，属抢劫未遂。据此，刑法第二百六十三条规定的八种处罚情节中除“抢劫致人重伤、死亡的”这一结果加重情节之外，其余七种处罚情节同样存在既遂、未遂问题，其中属抢劫未遂的，应当根据刑法关于加重情节的法定刑规定，结合未遂犯的处理原则量刑。

给您提个醒儿

抢劫罪，是以非法占有为目的，对财物的所有人或者保管人当场使用暴力、胁迫或其他方法，强行将公私财物抢走的行为。本罪侵犯的客体是公私财产的所有权和公民的人身权利。抢劫犯罪不仅直接侵犯了公私财产的所有权，而且因为它使用暴力、胁迫等手段，又侵犯到了公民的人身权利，因此刑法将抢劫罪列为重罪，并历来都作为重点打击的对象。本罪在客观方面表现为行为人对公私财物的所有者、保管者或者守护者当场使用暴力、胁迫或者其他对人身实施强制的方法，强行劫取公私财物的行为。所谓暴力，是指对财物的所有人、管理人、占有人的人身实施不法的打击或强制致使被害人不能反抗的行为，如殴打、捆绑、伤害、禁闭，等等，只要行为足以压制受害人的反抗即可。所谓胁迫，是指对被害人以当场实施暴力相威胁，进行精神强制，从而使其产生恐惧而不敢反抗，任其抢走财物或者被迫交出财物的行为，胁迫的内容是当场对被害人施以暴力。胁迫的方式则多种多样，有的是语言；有的是动作，如拔出身带之刀；有的还可能是利用特定的危险环境进行胁迫，如在夜间偏僻的地区，喝令他人“站住，交出钱来”，使被害人产生恐惧，不敢反抗，亦可构成本罪的威胁。胁迫必须是向被害人当面发出。如果不是向被害人当面发出，而是通过书信或者他人转告的方式让被害人得知，则不是本罪的胁迫。所谓其他方法，是指使用暴力、胁迫以外的方法使得被害人不知反抗或无法反抗，而当场劫取财物的行为。如用酒灌醉、用药物麻醉、利用催眠术催眠、将清醒的被害人趁其不备锁在屋内致其与财产隔离等方法劫取他人财物。行为人如果没有使他人处于不知反抗或无法反抗的状态，而是借用了被害人自己因患病、醉酒、熟睡或他人致使其死亡、昏迷等而不知反抗或无法反抗的状态拿走或夺取财物的，不构成本罪。本罪的主体为一般主体。年满14周岁并具有刑事责任能力的自然人，均能构成该罪的主体。本罪在主观方面表现为直接故意，并具有将公私财物非法占有的目的。

在本案中，陈某入户实施盗窃，在被发现后，他为了抗拒抓捕，当场在户内使用暴力，并以凶器相威胁，其行为已从盗窃罪转化为抢劫罪，根据有关司法解释，该种行为也属于“入户抢劫”，这是抢劫罪量刑中的一个加重情节。根据《刑法》第二百六十三条的规定，入户抢劫的，处十年以上有期徒刑、无期徒刑或者死刑，并处罚金或者没收财产。根据司法解释的规定，“具备劫取财物或者造成他人轻伤以上后果两者之一的，均属抢劫既遂”，因而，陈某的行为不仅是入户抢劫，而且是抢劫罪的既遂。所以，人民法院对于陈某行为的定性和处理是恰当的。

60. 偷盗他人耕牛，该当何罪？[①]

跟您说个事儿

几年前，重庆市开县惯偷李某等4人以盗窃罪，分别被法院判处5年

① 案件来源 重庆开县官网，http：//www. cqkx. com/info/2011/20117/224945. html。

半至9年有期徒刑，先后进入重庆市某监狱服刑。4人在监狱中遇到一起臭味相投，相同的经历让他们有了共同语言，平日里交流盗窃经验。他们认为农村人的防范意识较弱，耕牛比较值钱，商定出狱后一起盗窃耕牛发财致富。2010年初，李某出狱后不久就与一名外号叫“山东”的人窜至开县厚坝镇等地盗窃耕牛4头，销赃给开县牛贩子，获赃款4 600元。不久，尝到甜头的李某想到了在监狱中一起服刑的其他3人，并与先后出狱的这3人联系，相约一起“发财”。李某一伙窜至开县、梁平县等地，他们白天打着买牛的幌子四处寻找作案对象，凌晨便将村民的耕牛偷偷牵走。这伙人在作案前为保证万无一失，他们将村民住宅的前后门栓死，免得村民听见响动追出来；而作案过程中，一旦碰上养狗的人家，他们就先用毒药将狗毒死。为了迅速逃离现场和销赃，他们请来司机，用货车帮助运送耕牛，所盗耕牛主要销赃给开县牛贩子。截至2010年8月，4人流窜至开县和梁平县的10多个乡镇，先后作案9次，盗窃耕牛30头、现金5 700元，所盗耕牛销赃后获利4.48万元。案发后不久，公安机关迅速将该犯罪团伙7人抓获。经梁平县检察院提起公诉，梁平县法院以盗窃罪一审分别判处李某等4人12年6个月至4年不等的有期徒刑，而牛贩子和参与运牛的司机艾某、曾某、王某则被以掩饰、隐瞒犯罪所得罪分别判处有期徒刑1年6个月、1年和10个月。

为您说说法

《刑法》第二百六十四条：盗窃公私财物，数额较大的，或者多次盗窃、入户盗窃、携带凶器盗窃、扒窃的，处三年以下有期徒刑、拘役或者管制，并处或者单处罚金；数额巨大或者有其他严重情节的，处三年以上十年以下有期徒刑，并处罚金；数额特别巨大或者有其他特别严重情节的，处十年以上有期徒刑或者无期徒刑，并处罚金或者没收财产。

《最高人民法院关于审理盗窃案件具体应用法律若干问题的解释》（1998年3月17日起施行）第一条：根据刑法第二百六十四条的规定，以非法占有为目的，秘密窃取公私财物数额较大或者多次盗窃公私财物的行为，构成盗窃罪。

（一）盗窃数额，是指行为人窃取的公私财物的数额。

（二）盗窃未遂，情节严重，如以数额巨大的财物或者国家珍贵文物等为盗窃目标的，应当定罪处罚。

（三）盗窃的公私财物，包括电力、煤气、天然气等。

（四）偷拿自己家的财物或者近亲属的财物，一般可不按犯罪处理；对确有追究刑事责任必要的，处罚时也应与在社会上作案的有所区别。

第三条：盗窃公私财物“数额较大”、“数额巨大”、“数额特别巨大”的标准如下：

（一）个人盗窃公私财物价值人民币五百元至二千元以上的，为“数额较大”。

（二）个人盗窃公私财物价值人民币五千元至二万元以上的，为“数额巨大”。

（三）个人盗窃公私财物价值人民币三万元至十万元以上的，为“数额特别巨大”。

各省、自治区、直辖市高级人民法院可根据本地区经济发展状况，并考虑社会治安状况，在前款规定的数额幅度内，分别确定本地区执行的“数额较大”、“数额巨大”、“数额特别巨大”的标准。

第四条：对于一年内入户盗窃或者在公共场所扒窃三次以上的，应当认定为“多次盗窃”，以盗窃罪定罪处罚。

给您提个醒儿

盗窃罪是指以非法占有为目的，秘密窃取公私财物数额较大或者多次盗窃、入户盗窃、携带凶器盗窃、扒窃的行为。本罪侵犯的客体是公私财物的所有权。侵犯的对象，是国家、集体或个人的财物，一般是指动产而言，但不动产上之附着物，可与不动产分离的，例如，田地上的农作物，山上的树木、建筑物上之门窗等，也可以成为本罪的对象。另外，能源如电力、煤气以及电信资费也可成为本罪的对象。本罪的客观方面表现为秘密窃取公私财物数额较大或者多次盗窃、入户盗窃、携带凶器盗窃、扒窃的行为。盗窃一般表现为以秘密窃取的方法，将公私财物转移到自己的控制之下，并非法占有的行为。秘密窃取是指行为人采用自认为不使他人发觉的方法占有他人财物。只要行为人主观上是意图秘密窃取，即使客观上已被他人发觉或者注视，也不影响盗窃性质的认定。秘密窃取，可以是被害人不在场时实施，也可以是物主在场，趁其不备时实施。秘密窃取行为概括起来，主要包括三种表现形式：其一，将可移动的财物，秘密转移到行为人控制之下，并且脱离财物所有人或持有人的控制范围。其二，通过传输系统加以使用和消耗。例如，盗窃电力、煤气、天然气等。其三，以牟利为目的，盗接他人通信线路，复制他人电信码号或者明知是盗接、复制的电信设备、设施而使用。本罪的主体是一般主体，即年满16周岁、具有刑事责任能力的自然人。本罪的主观方面是直接故意，即明知是他人或者单位所有或者持有的财物，以非法占有为目的，实施窃取财物的行为。

在本案中，李某等四名盗窃犯罪分子采用秘密窃取的手段，事先踩点，趁夜晚之际下手，先后作案9次，盗窃耕牛30头、现金5 700元，已经达到了盗窃罪“数额特别巨大”的标准。货车司机在获刑后感到后悔万分，认为自己仅仅是帮助运输耕牛，得到了报酬，怎么就犯罪了呢？虽然他们没有直接参与盗窃，但是当他们明知李某等人所运耕牛是盗窃所获时仍然进行运输和收购，就构成了我国《刑法》规定的掩饰、隐瞒犯罪所得罪。

此外，2011年5月1日起施行的《刑法修正案（八）》对本罪进行了修改，主要是取消了本罪的死刑，并将“入户盗窃”、“携带凶器盗窃”、“扒窃”不计数额，一律作为盗窃罪处理。其中，扒窃是指从别人身上偷窃财物。“扒窃”行为一般发生在公共场所，比如公共交通工具上，或车站、码头、商场、集贸市场、影剧院等公共场所。“扒窃”行为应当是秘密窃取他人随身携带的财物，比如在公交车上随身携带的包裹等。一般而言，只要实施了“入户盗窃”、“携带凶器盗窃”、“扒窃”的行为，都应当作为盗窃罪处理。

61. 成婚心切，须防“骗婚”①

跟您说个事儿

被告人陈某，女，21岁，湖南省新化县槎溪镇双溪村人。2001年8月12日，陈某与曾某（当时曾某系长沙县安沙镇晨希村文某的女朋友）、罗某、夏某等人一同窜至安沙镇晨希村文某家，曾某将陈某（化名罗永梅）介绍给该村的未婚男青年冯某。双方见面后，陈某谎称愿意嫁给冯某。曾某等人则向男方提出需要礼金和介绍费共13 000元，冯某表示需办好婚姻登记手续后才能付钱。8月14日，冯某与其兄随陈某、曾某等

① 案件来源 人民网地产频道，http：//unn. people. com. cn/GB/channel2200/2202/200202/07/158731. html。

人一同到女方家办理有关婚姻登记手续。陈某一伙按照事先安排将冯某兄弟带到新化县科头乡竹山村一农户家，并谎称是“罗永梅”的娘家。当晚，由罗某外出为陈某办理了虚假的“罗永梅未婚的婚姻状况证明”。次日，冯某复印了罗某等人事先伪造的陈某的“罗永梅的常住人口登记卡”。曾某则外出打印了一份假的“罗永梅户口信息单”，贴了陈某的相片并加盖了伪造的科头派出所户口专用章。事后，冯某凑齐13 000元礼金交给罗某等一伙人。收钱的当天下午，罗某、夏某等人离开长沙，逃回新化。“新娘子”陈某则留在冯家。两天后，夏某打电话给陈某，谎称其外婆病了，要其回家。第二天，陈某以此为由和曾某一起逃回新化。陈某分赃3 800元，其余赃款则由罗某等4人分获。同年10月22日，陈某被刑拘。2002年2月6日，长沙县法院一审以被告人陈某犯诈骗罪，判处有期徒刑1年6个月，其非法所得赃款3 800元被依法追缴。

为您说说法

《刑法》第二百六十六条：诈骗公私财物，数额较大的，处三年以下有期徒刑、拘役或者管制，并处或者单处罚金；数额巨大或者有其他严重情节的，处三年以上十年以下有期徒刑，并处罚金；数额特别巨大或者有其他特别严重情节的，处十年以上有期徒刑或者无期徒刑，并处罚金或者没收财产。本法另有规定的，依照规定。

《最高人民法院、最高人民检察院关于办理诈骗刑事案件具体应用法律若干问题的解释》（2011年4月8日起施行）第一条：诈骗公私财物价值三千元至一万元以上、三万元至十万元以上、五十万元以上的，应当分别认定为刑法第二百六十六条规定的“数额较大”、“数额巨大”、“数额特别巨大”。

各省、自治区、直辖市高级人民法院、人民检察院可以结合本地区经济社会发展状况，在前款规定的数额幅度内，共同研究确定本地区执行的具体数额标准，报最高人民法院、最高人民检察院备案。

给您提个醒儿

诈骗罪是指以非法占有为目的，用虚构事实或者隐瞒真相的方法，骗取数额较大的公私财物的行为。本罪侵犯的客体是公私财物所有权。诈骗罪侵犯的对象，仅限于国家、集体或个人的财物，而不是骗取其他非法利益。本罪在客观上表现为使用欺诈方法骗取数额较大的公私财物。首先，行为人实施了欺诈行为。欺诈行为从形式上说包括两类：一是虚构事实；二是隐瞒真相。二者从实质上说都是使被害人陷入错误认识的行为。欺诈行为的内容是，在具体状况下，使被害人产生错误认识，并作出行为人所希望的财产处分。其次，欺诈行为使对方产生错误认识。对方产生错误认识是行为人的欺诈行为所致，即使对方在判断上有一定的错误，也不妨碍欺诈行为的成立。再次，成立诈骗罪要求被害人陷入错误认识之后作出财产处分。最后，欺诈行为使被害人处分财产后，行为人便获得财产，从而使被害人的财产受到损害。本罪主体是一般主体，凡达到法定刑事责任年龄、具有刑事责任能力的自然人均能构成本罪。本罪在主观方面表现为直接故意，并且具有非法占有公私财物的目的。

在本案中，被告人陈某等人虚构欲与冯某结婚的事实，并采用伪造文件的手段，以使得冯某相信该事实，从而骗取所谓“彩礼钱”，已经达到了数额较大的标准，应构成诈骗罪。近年来，犯罪分子假借婚姻骗取钱财的案件屡见报端，但还是有人不断上当受骗。这一现象的发生，有大龄男青年或者光棍鳏夫择偶心切等原因，但犯罪分子的骗术其实没有高明之处。即使案件告破，但是由于犯罪嫌疑人的疯狂挥霍，赃款已经很难全部追回，受害人大多落得“人财两失”的结局。因此，应加大农村法制宣传力度，提高农民的法律意识。对一些“骗婚”多发乡镇，应对广大村民进行宣传，让他们引以为戒，增强防范意识。在农村广泛开展伦理、道德、婚姻家庭方面的教育，宣扬重感情轻金钱的婚恋观，预防和减少农村骗婚案件的发生。

62. 明抢财物，构成何罪？[①]

跟您说个事儿

2010 年 2 月 1 日 13 时许，被告人万某在重庆市巫山县福田镇某村 5 组遇见马某驾驶着摩托车路过，便主动打招呼和要求驾驶马某的摩托车带

① 案件来源 华龙网，http：//fl. cqnews. net/cqfz/cqyw/201005/t20100525_4355730. html。

上马某前行。当行至轿子村5组一上坡路段时，摩托车熄火了，马某下车推摩托车。上坡刚走完，万某趁机加速将摩托车骑走。万某在寻找买主时被公安机关抓获。经重庆市巫山县物价认定中心鉴定，被抢的摩托车价值1 520元。巫山县法院认为，被告人万某趁他人不备，抢夺他人财物，其行为已构成抢夺罪。一审以被告人万某犯抢夺罪，判处有期徒刑10个月，并处罚金1 000元。

为您说说法

《刑法》第二百六十七条：抢夺公私财物，数额较大的，处三年以下有期徒刑、拘役或者管制，并处或者单处罚金；数额巨大或者有其他严重情节的，处三年以上十年以下有期徒刑，并处罚金；数额特别巨大或者有其他特别严重情节的，处十年以上有期徒刑或者无期徒刑，并处罚金或者没收财产。

携带凶器抢夺的，依照本法第二百六十三条的规定定罪处罚。

《最高人民法院关于审理抢夺刑事案件具体应用法律若干问题的解释》（2002年7月20日起施行）第一条：抢夺公私财物“数额较大”、“数额巨大”、“数额特别巨大”的标准如下：

（一）抢夺公私财物价值人民币五百元至二千元以上的，为“数额较大”；

（二）抢夺公私财物价值人民币五千元至二万元以上的，为“数额巨大”；

（三）抢夺公私财物价值人民币三万元至十万元以上的，为“数额特别巨大”。

第六条：各省、自治区、直辖市高级人民法院可以根据本地区经济发展状况，并考虑社会治安状况，在本解释第一条规定的数额幅度内，分别确定本地区执行的具体标准，并报最高人民法院备案。

给您提个醒儿

抢夺罪，是指以非法占有为目的，不使用暴力、胁迫等强制方法，公然夺取数额较大的公私财物的行为。本罪侵犯的客体是公私财物的所有权。本罪在客观方面表现为乘人不备，出其不意，公然对财物行使有形力，使他人不及抗拒，而取得数额较大的财物的行为。抢夺行为必须公然进行，但不是指必须在不特定人或多数人面前实施抢夺行为，而是指公开夺取财物，或者说在被害人当场可以得知财物被抢的情况下实施抢夺行为。抢夺行为是直接夺取财物的动机，即直接对财物实施暴力而不直接对人的身体行使暴力；实施抢夺行为，被害人可以当场发觉但来不及抗拒，而不是被暴力制服不能抗拒，也不是受胁迫不敢抗拒。夺取的对象必须是数额较大的公私财物；如果抢夺财物的数额不大，就不以犯罪论处。本罪主体为一般主体，凡年满16周岁具备刑事责任能力的自然人均可成为本罪主体。本罪在主观方面表现为故意，其目的是非法占有公私财物。

在本案中，被告人万某趁被害人马某不备，公然夺走马某的摩托车，已经达到了司法解释中"数额较大"的标准，构成了抢夺罪。

63. 聚众哄抢是犯罪，法不责众是空谈①

跟您说个事儿

2011年3月2日至3月15日期间，被告人吴甲、戴某组织泗洪县归仁镇某村村民20余人至该村沟渠上，哄抢李某、吴乙、郭某所伐杨树原木材总计6.33吨，后将该批木材分批卖掉。被哄抢杨树原木材源自三被害人以投标方式从归仁镇某村所购买的该村集体树木。经鉴定，被抢杨树原木材价值人民币3 798元。法院认为，被告人吴甲、戴某组织本村村民20余人聚众哄抢他人财物，数额较大，其行为均已构成聚众哄抢罪。被告人吴甲归案后，如实供述自己及同案犯的罪行，依法可以从轻处罚。案发后，被告人戴某自动投案，并如实供述自己及同案犯的罪行，系自首，依法可以从轻处罚。被告人吴甲自愿认罪，犯罪情节较轻，确有悔罪表现，依法可以对其宣告缓刑。2011年6月27日，江苏省泗洪县人民法院作出判决：被告人吴甲被依法判处拘役3个月，缓刑6个月，并处罚金人民币3 000元；被告人戴某被依法判处管制1年，并处罚金人民币2 000元。

为您说说法

《刑法》第二百六十八条：聚众哄抢公私财物，数额较大或者有其他

① 案件来源 中国花木网，http://www.cnhm.net/news/detail.cfm?id=105732。

严重情节的，对首要分子和积极参加的，处三年以下有期徒刑、拘役或者管制，并处罚金；数额巨大或者有其他特别严重情节的，处三年以上十年以下有期徒刑，并处罚金。

给您提个醒儿

聚众哄抢罪，是指以非法占有为目的，聚集多人，哄抢滋扰，公然夺取财物，数额较大或者情节严重的行为。犯罪客体是复杂客体，即公私财物所有权和社会的正常管理秩序。犯罪对象是动产，主要是处于运输、保管和储存过程中的公私财物，如本案中，被告人聚众哄抢的是杨树原木材。犯罪客观方面表现为聚集多人，哄抢滋扰，公然夺取公私财物，数额较大或者情节严重的行为。“聚众”，是指聚集多人，少则数人，多则十几人、几十人，甚至成百上千人。“哄抢”，是指在为首分子的鼓励、指挥下，一哄而上公然夺取公私财物，但是，不采取暴力、胁迫或者其他人身强制的方法，否则就构成抢劫罪。聚众哄抢公私财物，数额较大或者情节严重的，才构成犯罪；数额不大，情节不严重的，按一般违法行为处理。如本案中，涉案杨树原木材总计 6.33 吨，价值人民币 3 798 元，已经达到追诉标准。本罪犯罪主体为一般主体，处罚对象是聚众哄抢的首要分子和积极参加者，如本案的被告人吴甲、戴某。需要指出的是，本罪并不追究其他参加者的刑事责任，如本案中其他 20 余名村民。犯罪主观方面为直接故意，且以非法占有为目的。

64. 他人钱财不可贪，拒不交出是犯罪①

跟您说个事儿

1998 年 1 月，河南省某医药公司的刘甲在被告人刘乙、贺甲、贺乙、王某、李某五人承包的嵩县闫庄乡张王沟水库内投放银鱼，双方订立了协议书。协议书规定，投放的银鱼由五被告人看护，刘甲以后捕捞银鱼时，

① 案件来源 赵秉志：《刑法教学案例》，北京，法律出版社，2007。

以每500克2元（后口头追加到3元）付给被告人看护报酬。1998年8月份，五被告人发觉市场银鱼价格昂贵，心生歹念，在未告知刘甲的情况下，于8月下旬至9月中旬期间，先后多次捕捞刘甲放养于水库内的银鱼共130余千克，价值10 000余元，予以变卖。刘甲得知后，追问被告人，五被告人拒不承认。刘甲随即向公安机关告发。案发后，被告人刘乙到公安机关投案自首，赃款、赃物已被追回返还失主。

为您说说法

《刑法》第二百七十条：将代为保管的他人财物非法占为己有，数额较大，拒不退还的，处二年以下有期徒刑、拘役或者罚金；数额巨大或者有其他严重情节的，处二年以上五年以下有期徒刑，并处罚金。

将他人的遗忘物或者埋藏物非法占为己有，数额较大，拒不交出的，依照前款的规定处罚。

本罪，告诉的才处理。

给您提个醒儿

侵占罪，是指以非法占有为目的，将代为保管的他人财物，或者合法持有的他人遗忘物、埋藏物非法据为已有，数额较大，拒不退还的行为。本罪的客体是公私财产所有权。犯罪对象可以是动产和不动产；可以是有体物，也可以是电力、煤气、天然气等无体物。本罪的客观方面表现为将代为保管的他人财物或者合法持有的他人遗忘物、埋藏物非法转归已有，拒不退还的行为。第一，侵占行为的突出特点是“变合法持有为非法所有”，即行为人业已合法持有他人财物。这是构成侵占罪的前提条件，包括两种情况：一是以合法的方式代为保管他人的财物。二是合法占有他人的遗忘物或者埋藏物。第二，侵占行为是将合法持有的财物，非法据为已有。第三，侵占他人财物，必须是数额较大。本罪的主体为一般主体，即年满16周岁、具有刑事责任的自然人。本罪的主观方面是直接故意，即明知自己合法持有的是代为保管的他人财物或是他人的遗忘物、埋藏物，以非法占有为目的，拒不退还。在本案中，五被告人接受刘甲的委托，对其投放的银鱼进行看护。在这种情形下，银鱼的所有权归刘甲所有，被告人接受委托后即取得对水库里的银鱼的管理和临时占有权，但是，被告人并无权进行处分，即银鱼属于“代为保管的他人财物”。被告人本应根据委托履行合同义务，但是，其因市场银鱼价格昂贵，而心生歹意，想非法占有，其数额达到1万元以上。当刘建某向被告人追问时，被告人拒不承认，符合侵占罪中“拒不退还”的要求。综合本案的事实，被告人的行为符合侵占罪的客观方面的要求，且行为人主观上具有明显的非法占有的目的，符合侵占罪的主观方面的要求；因而本案应定性为侵占罪。

65. 挪用防汛款，即使没装入自己腰包也是犯罪[①]

跟您说个事儿

2005年1月，华某所在县向省政府申请防汛专用款用于江堤加高、加固和维修工作，县委决定让水利局局长牵头负责，华某身为水利局局长和县防洪指挥部副总指挥直接负责此项工作。华某召集本局技术人员开会后，作出本年度不太可能发生洪水的判断，认为现有水利工程足以防洪，于是擅自作主将刚刚成立的防汛指挥部的办公款项，购买办公设施和小汽车。2005年7月，该县发生特大水灾，由于防洪设施不足，造成众多房屋倒塌、大量粮田被淹，损失严重。

为您说说法

《刑法》第二百七十三条：挪用用于救灾、抢险、防汛、优抚、扶贫、移民、救济款物，情节严重，致使国家和人民群众利益遭受重大损害的，对直接责任人员，处三年以下有期徒刑或者拘役；情节特别严重的，处三年以上七年以下有期徒刑。

《最高人民检察院、公安部关于公安机关管辖的刑事案件立案追诉标准的规定（二）》（2010年5月7日）第八十六条［挪用特定款物案（刑法第二百七十三条）］：挪用用于救灾、抢险、防汛、优抚、扶贫、移民、救济款物，涉嫌下列情形之一的，应予立案追诉：

（一）挪用特定款物数额在五千元以上的；

（二）造成国家和人民群众直接经济损失数额在五万元以上的；

---

① 案件来源 鲍雷、张仲侠、刘玉民：《侵害财产犯罪疑难案例精析》，杭州，浙江大学出版社，2007。

（三）虽未达到上述数额标准，但多次挪用特定款物的，或者造成人民群众的生产、生活严重困难的；

（四）严重损害国家声誉，或者造成恶劣社会影响的；

（五）其他致使国家和人民群众利益遭受重大损害的情形。

给您提个醒儿

挪用特定款物罪，是指违反国家财经管理制度，挪用用于救灾、抢险、防汛、优抚、扶贫、移民、救济款物，情节严重，致使国家和人民群众利益遭受重大损害的行为。本罪客体是公共财物所有权和特定款物的财经管理制度。对象是专门用于救灾、抢险、防汛、优抚、扶贫、移民、救济款物，包括生产资料和生活资料。客观方面表现为利用职务的便利，违反专款专用的财经管理制度，将救灾、抢险、防汛、优抚、扶贫、移民、救济款物用于其他方面并且情节严重，造成严重后果。主体为主管、经营、经手救灾、抢险、防汛、优抚、扶贫、移民、救济款物的工作人员，包括国家工作人员、集体经济组织工作人员，以及其他经手、管理救灾、抢险、防汛、优抚、扶贫、移民、救济款物的人员。主观方面是直接故意，即明知是专用的特定款物而故意挪作他用。

本案中，华某不经合法批准，自作主张，将防汛专用款改作他用，其挪用款项属于挪用特定款物罪犯罪对象的范畴，而且由于其挪用行为，致使没有按规定将该款用于防汛工作，进而导致发生特大洪水时造成众多房屋倒塌、大量农田被淹的严重后果。据此，应当以挪用特定款物罪追究华某的刑事责任。

66. 明明有理变没理，勒索钱财成被告[①]

跟您说个事儿

被告人邓甲，男，广西横县云表镇周璞村村民。

① 案件来源 黄河新闻网，http：//www. sxgov. cn/fzpd/alcz/385850. shtml。

2005 年 10 月邓甲的妻子与本村的邓乙通奸被发现后，在双方亲属的调解下，由邓乙付给被告人 3 600 元了结此事，但邓甲心有不甘，坚持要邓乙付给 50 000 元才罢休。2006 年 7 月 20 日 17 时许，邓甲在云表至站圩的公路碰见邓乙，便威胁邓乙给“挂红钱”，邓乙不答应，被告人邓甲就用石头将邓乙打伤（后经法医鉴定邓乙的损伤未达到轻伤，不构成犯罪）。同年 7 月 21 日、22 日、23 日，被告人邓甲先后三次到邓乙家要求赔偿，邓乙以由公安机关解决为由，不肯赔偿。到了 7 月 25 日，被告人邓甲召集兄弟数人来到邓乙家，要求邓乙赔偿其“挂红钱”36 000 元，并给其兄弟每人 360 元的“红包”。同时，被告人邓甲找来了一个猪笼，威胁邓乙说，如不赔偿，就把邓乙装入猪笼游街示众后淹死。邓乙报警后，被告人邓甲被赶来的公安干警现场抓获。横县法院认为，被告人邓甲使用暴力、胁迫的手段敲诈勒索他人财产，数额巨大，构成敲诈勒索罪。但被告人邓甲在该过程中，因意志以外的原因未能得逞，属犯罪未遂。于是法院从轻判处邓甲有期徒刑 6 个月。

为您说说法

《刑法》第二百七十四条：敲诈勒索公私财物，数额较大或者多次敲诈勒索的，处三年以下有期徒刑、拘役或者管制，并处或者单处罚金；数额巨大或者有其他严重情节的，处三年以上十年以下有期徒刑，并处罚金；数额特别巨大或者有其他特别严重情节的，处十年以上有期徒刑，并处罚金。

《最高人民法院关于敲诈勒索罪数额认定标准问题的规定》（2000 年 5 月 18 日起施行）根据刑法第二百七十四条的规定，对敲诈勒索罪数额认定标准规定如下：

（一）敲诈勒索公私财物“数额较大”，以一千元至三千元为起点；

（二）敲诈勒索公私财物“数额巨大”，以一万元至三万元为起点。

各省、自治区、直辖市高级人民法院可以根据本地区实际情况，在上述数额幅度内，研究确定本地区执行的敲诈勒索罪“数额较大”、“数额巨大”的具体数额标准，并报最高人民法院备案。

给您提个醒儿

敲诈勒索罪是指以非法占有为目的，对被害人使用威胁或要挟的方法，强行索要公私财物的行为。本罪侵犯的客体是复杂客体，不仅侵犯公私财物的所有权，还危及他人的人身权利或者其他权益。本罪在客观方面表现为行为人采用威胁、要挟等手段，迫使被害人交出财物的行为。威胁，是指以将实施恶害迫使被害人处分财产，即如果不按照行为人的要求处分财产，就会在将来的某个时间遭受恶害。威胁内容的种类没有限制，包括对被害人及其亲属的生命、身体自由、名誉等进行威胁。威胁的内容是将由行为人自己实现，还是将由他人实现在所不问。威胁的方法没有限制，既可能是明示的，也可能是暗示的；既可以使用语言文字，也可以使用动作手势；既可以直接告知被害人，也可以通过第三者告知被害人。威胁的结果，是使被害人产生恐惧心理，然后为了保护目己更大的利益而处分自己的数额较大的财产，进而使行为人取得财产。所谓要挟方法，通常是指抓住被害人的某些把柄或者制造某种迫使其交付财物的借口，如以揭发贪污、盗窃等违法犯罪事实或生活作风腐败行为等相要挟。构成本罪还需“数额较大或者多次敲诈勒索”（数额较大的标准，参看《最高人民法院关于敲诈勒索罪数额认定标准问题的规定》）。所谓“多次敲诈勒索”的“多次”，一般是指三次以上，即该种情况不限数额，只要实施敲诈勒索行为达到三次以上即构成本罪。本罪的主体为一般主体，凡达到法定刑事责任年龄且具有刑事责任能力的自然人均能构成本罪。本罪在主观方面表现为直接故意，必须具有非法强索他人财物的目的。

在本案中，被告人邓甲自以为有理，认为自己妻子与邓乙有奸情使得自己吃了亏，需要邓乙用钱来进行补偿，殊不知其采用的以实施暴力相威胁强索财物的行为已经构成了犯罪。

67. 故意毁坏他人财物，应如何处罚？[①]

跟您说个事儿

为加强农村基层基础建设，某电力公司在被告人周某等人所在的生产队集体土地上架设高压电网。周某等村民认为高压电网会对周围产生辐射作用，影响居住在附近村民的身体健康。为此，与该电力公司交涉要求得

① 案件来源 上海女性网，http：//shwomen. eastday. com/node2/node533/node534/node553/u1a25838. html。

到相应补偿。在交涉未果的情况下，2011 年 1 月 7 日下午，周某等 7 位村民至施工现场，用榔头将已经修好的 66 号、67 号高压电线塔基敲坏，导致 66 号、67 号高压电线塔基基本报废，造成直接经济损失人民币 3.3 万余元。案发后，周某能如实交代犯罪事实，其余 6 位村民能主动到公安机关交代犯罪经过，7 人对被害单位的经济损失予以了赔偿，故法院对他们作出从轻处理。判决 7 位村民犯故意毁坏财物罪，分别判处他们拘役 5 个月并宣告缓刑 5 个月，以及拘役 4 个月并宣告缓刑 4 个月。

为您说说法

《刑法》第二百七十五条：故意毁坏公私财物，数额较大或者有其他严重情节的，处三年以下有期徒刑、拘役或者罚金；数额巨大或者有其他特别严重情节的，处三年以上七年以下有期徒刑。

《最高人民检察院、公安部关于公安机关管辖的刑事案件立案追诉标准的规定（一）》（2008 年 6 月 25 日）第三十三条［故意毁坏财物案（刑法第二百七十五条）］故意毁坏公私财物，涉嫌下列情形之一的，应予立案追诉：

（一）造成公私财物损失五千元以上的；

（二）毁坏公私财物三次以上的；

（三）纠集三人以上公然毁坏公私财物的；

（四）其他情节严重的情形。

给您提个醒儿

故意毁坏财物罪客体要件侵犯的客体是公私财物的所有权。犯罪对象可以是各种形式的公私财物，包括生产资料、生活资料；动产、不动产等等。但是，如果行为人所故意毁坏的是刑法另有规定的某些特定财物，危害其他客体要件的，应按刑法有关规定处理。例如，破坏交通工具、交通设备、易燃易爆设备、广播电视、电信设施等危害公共安全的，按有关罪名论处。本罪在客观方面表现为毁灭或者损坏公私财物数额较大或者有其他严重情节的行为。毁灭，是指用焚烧、摔砸等方法使物品全部丧失其价值或使用价值；损坏，是指使物品部分丧失其价值或使用价值。毁坏公私财物的方法，有多种多样。但是，如果行为人使用放火、决水、投毒、爆炸等危险方法破坏公私财物，危害公共安全的，应当以危害公共安全罪中的有关犯罪论处。故意毁坏公私财物行为，必须达到数额较大或有其他严重情节的才构成犯罪。犯罪主体是一般主体。已满16岁的人犯本罪，应当负刑事责任。本罪在主观方面表现为故意。犯罪目的不是非法获取财物而是将财物毁坏。

在本案中，周某等几名村民因为某电力公司架设了高压线，认为会产生辐射影响身体健康，与电力公司交涉未果的情况下，用榔头将电线塔基敲坏，该种行为已经构成了故意毁坏财物罪。

68. 什么是破坏生产经营罪？

跟您说个事儿

案例1

王某（28岁）与李某是同村村民，素有积怨。2009年11月20日中午，王某见李某的两头耕牛拴在村口的大树下喂食，为出一口恶气，在看到周围没人后偷偷地将牛放跑。下午李某前去牵牛犁地时发现耕牛不知去向，在寻找未果后，向当地公安机关报了案。公安机关经过走访很快锁定王某并将其抓获归案。经鉴定，该耕牛时价为7 000元人民币。王某私自放跑他人耕牛带有秘密性，侵犯了他人财产权利。对于王某的该行为应如何定性的问题，出现了意见分歧。2010年1月15日，法院最终以破坏生产经营罪判处王某有期徒刑2年6个月。①

案例2

被告人杨某因婚姻纠纷，对妻弟陈某一家不满。2009年7月13日晚，杨某持镰刀将陈某家的玉米苗3 720株、辣椒苗2 000株砍掉，造成经济损失6 580元。法院认为，被告人杨某为泄愤，故意毁坏他人庄稼，给他人造成较大的经济损失，其行为已触犯《中华人民共和国刑法》第二百七十六条的规定，构成破坏生产经营罪，应当判处三年以下有期徒刑、拘役或者管制。2010年7月20日，贵州省黔西县人民法院依法判决被告人杨某犯破坏生产经营罪，判处有期徒刑1年。②

---

① 案件来源 人民代表网，http：//www. rmdbw. gov. cn/2010/0318/15576. html。
② 案件来源 法治网，http：//www. chinalnn. com/Html/Article/Class114/Class115/115_242638. html。

为您说说法

《刑法》第二百七十六条：由于泄愤报复或者其他个人目的，毁坏机器设备、残害耕畜或者以其他方法破坏生产经营的，处三年以下有期徒刑、拘役或者管制；情节严重的，处三年以上七年以下有期徒刑。

《最高人民检察院、公安部关于公安机关管辖的刑事案件立案追诉标准的规定（一）》（2008 年 6 月 25 日）第三十四条［破坏生产经营案（刑法第二百七十六条）］由于泄愤报复或者其他个人目的，毁坏机器设备、残害耕畜或者以其他方法破坏生产经营，涉嫌下列情形之一的，应予立案追诉：

（一）造成公私财物损失五千元以上的；

（二）破坏生产经营三次以上的；

（三）纠集三人以上公然破坏生产经营的；

（四）其他破坏生产经营应予追究刑事责任时情形。

给您提个醒儿

破坏生产经营罪，是指出于泄愤报复或者其他个人目的，毁坏机器设备、残害耕畜或者以其他方法破坏生产经营的行为。本罪所侵害的客体是生产经营的正常活动。生产经营，就其范围而言，非常广泛，如工业、农业、林业、牧业、渔业、副业等生产经营活动以及与这些产业的生产经营密切相关的建筑业、运输业、第二产业、商业等。就性质而言，既包括国有的，也包括集体的，还包括个体的、私有的、外资的等。只要属于生产经营，不论其属于何种性质，对之加以破坏的，都可构成本罪。本罪在客观方面表现为以毁坏机器设备、残害耕畜或其他方法破坏生产经营的行为。其他方法则多种多样、如切断电源，破坏锅炉、供料线，颠倒冷热供给程序、破坏电脑致使生产指挥、工艺流程产生混乱，以影响工业生产、破坏农业机械、排灌设备、农具，毁坏种子、秧苗、树苗、庄稼、果树、鱼苗等，毁坏农业生产；破坏运输、储存工具，影响商业经营等等。至于其方式，既可以表现为积极的作为，如砸碎、烧毁，又可以表现为消极的不作为，如明知有故障而不加排除。但不论方式如何，采用的手段怎样，破坏的对象都必须与生产经营活动直接相联系，破坏用于生产经营的生产工具、生产工艺、生产对象等。如果是毁坏闲置不用或在仓库备用的机器设备、已经收获并未用于加工生产的粮食、水果，残害已经丧失畜役力的待售肉食牲畜的行为，则由于它们与生产经营活动没有直接联系，因此不能构成本罪。本罪的主体是一般主体。凡达到刑事责任年龄且具备刑事责任能力的自然人均可构成本罪。本罪在主观方面表现为直接故意，并且具有泄愤报复或者其他个人目的。其他个人目的，一般是指出于个人恩怨而产生的不正当心理追求，如憎恨、厌恶、不满等，产生的原因多种多样，如因受到领导或他人的批评而产生不满，自己的要求没有得到满足而产生不满，嫉妒他人的成绩而心怀不满，与他人发生冲突而心生不满，以及厌烦工作而产生不满等等，行为人只要出于泄愤报复或者其他个人目的，故意给生产造成较大破坏的，即构成本罪。

从案例 1 来看，该耕牛是李某耕地正常使用的耕畜，王某私自放跑李某的耕牛，致使牛主人李某不能正常从事农业生产活动，侵害了李某正常的农业生产活动，符合破坏生产经营罪的客体构成要件。王某虽未对李某的耕牛实施残害行为，但王某私自放跑李某耕牛后致使李某不能正常进行农业生产活动，其行为当属“以其他方法破坏生产经营”之范畴。所以，王某的行为符合破坏生产经营罪客观方面的构成要件。该罪的主体是一般主体。凡达到刑事责任年龄且具备刑事责任能力的自然人均可构成本罪。王某放跑耕牛时年满 28 岁，达到刑事责任年龄且具备刑事责任能力，符合破坏生产经营罪的犯罪主体要求。该罪在主观方面表现为直接故意，并且具有泄愤报复或者其他个人目的。行为人只要出于泄愤报复或者其他个人目的，故意给生产经营造成较大破坏的，即构成本罪。从本案来看，王某私自放跑李某耕牛是“为出一口恶气”，属于泄愤报复范畴，属直接故意，符合破坏生产经营罪的主观方面要求。

从案例 2 来看，被告人杨某因婚姻纠纷，对妻弟陈某一家不满，持镰刀故意毁坏他人庄稼，已经满足了破坏生产经营罪的全部要件，以破坏生产经营罪定罪处罚，是完全合理的。

69. 恶意欠薪是犯罪，吸人血汗法难容

跟您说个事儿

江西鄱阳人卢某和温州鹿城人陈某在温州市龙湾区永中街道合伙开办

一家无证鞋包加工厂，因没有营业执照，经常换场所逃避监管，加工厂没能赚到钱。因此，卢某和陈某两名股东在2011年6月8日停工前就一直拖欠61名员工当年4月至6月以及前一年的工资，共计16万余元。2011年6月8日，这61名员工向温州龙湾区人事劳动局投诉，该局依法向加工厂下达限期改正指令书，但卢某和陈某以没钱为由拒绝支付。6月20日，龙湾区人事劳动局认为卢某和陈某无故拖欠员工工资，数额较大，且经责令仍不支付，已涉嫌构成拒不支付劳动报酬罪，将该案移送龙湾公安分局。龙湾警方经过立案调查，发现卢某和陈某都拥有个人财产，具有支付员工工资的能力。6月28日，龙湾公安分局根据2011年5月1日实行的《刑法修正案（八)》的规定，以涉嫌拒不支付劳动报酬罪对卢某和陈某予以刑事拘留。

为您说说法

《刑法修正案（八)》：以转移财产、逃匿等方法逃避支付劳动者的劳动报酬或者有能力支付而不支付劳动者的劳动报酬，数额较大，经政府有关部门责令支付仍不支付的，处三年以下有期徒刑或者拘役，并处或者单处罚金；造成严重后果的，处三年以上七年以下有期徒刑，并处罚金。

单位犯前款罪的，对单位判处罚金，并对其直接负责的主管人员和其他直接责任人员，依照前款的规定处罚。

有前两款行为，尚未造成严重后果，在提起公诉前支付劳动者的劳动报酬，并依法承担相应赔偿责任的，可以减轻或者免除处罚。

给您提个醒儿

农民工是改革开放和工业化、城镇化进程中涌现出的一支新型劳动大军，为城市繁荣、农村发展和国家现代化建设做出了重要贡献，他们艰辛的劳动理应得到合理的劳动报酬。但在现实生活中，拖欠工资现象十分严重。尽管各级党委、政府对此都十分重视，做了大量的工作，也取得了明显成效，但由于多种原因，拖欠工资现象一直未能得到根本解决，一些私营老板甚至把拒不支付劳动报酬作为获取高额利润的手段。拖欠劳动者工资，不仅严重侵犯了劳动者的合法权益，还严重影响到了社会的稳定。由于恶意欠薪严重的社会危害性，近年来，将恶意欠薪入刑的呼声日渐高涨。在全国“两会”上，每年都有人大代表、政协委员提出这方面的提案、议案。为保护劳动者获得劳动报酬的权利，2011年2月25日，全国人大常委会表决通过了《刑法修正案（八）》，“恶意欠薪”正式入刑。

拒不支付劳动报酬罪既侵犯劳动者的财产权，又妨碍了正常的劳动用工关系，侵犯了社会主义市场经济秩序。客观方面表现为以转移财产、逃匿等方法逃避支付劳动者的劳动报酬或者有能力支付而不支付劳动者的劳动报酬。主观要件表现为故意。即主观上明知自己“不支付劳动者劳动报酬”的这种不作为行为会产生劳动者不能及时得到劳动报酬的危害后果，却希望或放任这种后果发生。在司法实践中，明确表示拒不作为的，即明确拒绝支付劳动者劳动报酬的；或者虽表示应支付，但实际上为不支付找借口的；无正当理由转移财产，造成无支付能力假象的；用人单位主要负责人指使发放劳动者劳动报酬的工作人员逃匿，造成无法支付假象的；非法克扣工资或罚款的等等，都可以认定行为人主观存在犯罪故意。本罪的犯罪主体为一般主体，包括自然人和单位。此外，构成本罪还要求“数额较大”和“经政府有关部门责令支付仍不支付”，“数额较大”有待司法机关进行进一步的解释。结合实践中的具体情况，“政府有关部门责令支付”主要包括：劳动行政部门即各级劳动监察大队已向用人单位送达《行政处罚决定书》，责令用人单位限期支付劳动者劳动报酬；各级劳动争议仲裁委员会已向用人单位送达《劳动争议仲裁决定书》，责令用人单位限期支付劳动者劳动报酬；各级法院已向用人单位送达《民事判决书》，责令用人单位限期支付劳动者劳动报酬；各级信访机关已向用人单位送达批转文件，责令用人单位限期支付劳动者劳动报酬等等。“有前两款行为，尚未造成严重后果，在提起公诉前支付劳动者的劳动报酬，并依法承担相应赔偿责任的，可以减轻或者免除处罚。”这是指行为人的行为虽然已经构成拒不支付劳动报酬罪，但是尚未造成严重后果，在提起公诉前支付劳动者的劳动报酬，并依法承担相应赔偿责任，这种情形属于法定的可以减轻或免除处罚的情节。主要是结合实际需要，本来《刑法》设立该罪名的目的也是为了使得劳动者尤其是社会上的弱势群体获得自己合理合法的劳动报酬，因此，将该种情形作为从宽情节。

第六篇

妨害社会管理秩序罪

70. 暴力袭警，如何处罚？
71. 招摇撞骗来钱易，触犯刑律回头难
72. 办假证，构成何罪？
73. 上树做“鸟人”，聚众堵交通，构成何罪？
74. 假投毒，真犯法
75. 编造谣言引起恐慌，也会构成犯罪吗？
76. 打群架，是犯法
77. 寻衅滋事耍流氓，未立威风进班房
78. 参加黑社会性质组织，构成什么罪？
79. 传授犯罪方法，应受什么处罚？
80. 宣扬邪教，也是犯罪
81. 盗掘尸体“配阴婚”，犯了什么法？
82. 赌乃万恶源，私彩不能沾
83. 帮助罪犯逃走，犯了什么罪？
84. 窝赃、销赃，犯了什么罪？
85. 故意损毁名胜古迹，《刑法》是怎么规定的？
86. 非法卖血，害人害己
87. 强迫卖血缺德，蹲了班房活该
88. 接生婆是谁都能当的吗？
89. 生男生女都一样，非法节育为哪般
90. 污染环境事关重大，非法排放必定受罚
91. 野生动物要保护，非法猎捕须受罚
92. 打猎能随便打吗？
93. 矿藏国家所有，私开滥采不该
94. 盗伐林木，构成何罪？
95. 罂粟虽美有剧毒，非法种植应铲除
96. 引诱、教唆他人吸毒，犯了何罪？
97. 制售黄碟，构成何罪？
98. 传播淫秽物品，没有牟利也是犯罪

70. 暴力袭警，如何处罚？[1]

跟您说个事儿

被告人张甲，男，33岁，江西省赣州市章贡区水东镇某村人，农民；

被告人张乙，男，22岁，江西省赣州市章贡区水东镇某村人，农民。

2005年9月21日13时许，章贡区水东镇某村村民张丙（另案处理）在梅林镇双龙大道“佳佳”美容美发店按摩后与该店女服务员王某发生争执并殴打王某，张丙遂打电话叫被告人张甲、张乙等人过来并授意要将该美容美发店砸毁。被告人张甲、张乙随即赶到现场。正在此时，赣县公安局梅林派出所民警刘某着便装路过该店门口，发现有多人围观，便上前询问事由，并口头表明警察身份，张丙明知刘某是公安民警且大声叫喊：“我知道你是派出所的，我今天打的就是派出所的。”说完对刘某进行拳打脚踢，在一旁听到张丙这样叫喊，被告人张甲、张乙明知刘某是民警，在张丙的授意下，也对刘某进行拳打脚踢。经法医鉴定，刘某的伤势为轻微伤甲级。当地法院经过公开审理后认为：被告人张甲、张乙明知被害人刘某是梅林派出所的民警仍以暴力方法阻碍公安民警依法履行职责的行为均构成妨害公务罪。被告人张乙自愿认罪，可酌定从轻处罚；被告人张甲辩解他不知刘某是梅林派出所的民警与事实不符，不予采纳；依照《中华人民共和国刑法》第二百七十七条第一款之规定，法院作出如下判决：被告人张甲犯妨害公务罪，判处拘役6个月；被告人张乙犯妨害公务罪，判处拘役5个月。

为您说说法

《刑法》第二百七十七条：以暴力、威胁方法阻碍国家机关工作人员依法执行职务的，处三年以下有期徒刑、拘役、管制或者罚金。

以暴力、威胁方法阻碍全国人民代表大会和地方各级人民代表大会代表依法执行代表职务的，依照前款的规定处罚。

在自然灾害和突发事件中，以暴力、威胁方法阻碍红十字会工作人员

① 案件来源　法律咨询网，http：//www.110.com/ziliao/article-142816.html。

依法履行职责的，依照第一款的规定处罚。

故意阻碍国家安全机关、公安机关依法执行国家安全工作任务，未使用暴力、威胁方法，造成严重后果的，依照第一款的规定处罚。

给您提个醒儿

妨害公务罪，是指以暴力、威胁的方法，阻碍国家机关工作人员、人大代表、红十字会工作人员依法执行职务或履行职责的行为，以及故意阻碍国家安全机关、公安机关依法执行国家安全工作任务，虽未使用暴力、威胁方法，但造成严重后果的行为。本罪侵犯的是国家机关、人民代表大会、红十字会、国家安全机关以及公安机关的公务活动。行为方式表现为行为人以暴力、威胁的方法阻碍国家机关工作人员、人大代表依法执行职务，或者在自然灾害或者突发事件中以暴力、威胁方法阻碍红十字会工作人员依法履行职责，或者虽未使用暴力、威胁的方法，但故意阻碍国家安全机关与公安机关工作人员依法履行维护国家安全的职务，且造成了严重后果。所谓暴力，是指对正在依法执行职务的国家机关工作人员、人大代表和正在依法履行职责的红十字会工作人员实施殴打、捆绑或者其他人身强制行为，致使其不能正常履行职务或者职责。所谓威胁，是指行为人对前述工作人员进行精神强制，如以杀害、伤害相威胁，或者以毁坏财产、破坏名誉等相恐吓，迫使国家机关工作人员、人大代表、红十字会工作人员放弃职守或者使其无法履行职责。

本案中，被告人张甲和张乙明知自己殴打的是民警，而故意实施妨害民警正常执行职务的行为，其行为已经构成了妨害公务罪，理应受到刑事追究。

71. 招摇撞骗来钱易，触犯刑律回头难[①]

跟您说个事儿

1985 年出生的刘某是桦甸市夹皮沟镇某村的农民。2006 年，刘某在

① 案件来源 新文化网，http：//enews. xwhb. com/html/2009-12/29/content_142918. html。

一辆大客车上结识了女孩小曹，随后两人确立了恋爱关系。为了满足虚荣心，刘某自称是桦甸市经济局一个副科长，此外还有一个舅舅在省委做秘书。实际上，刘某只在桦甸市经济局做过两天临时工，负责扫地。2008年秋，刘某在村里的小卖部买东西时认识了村民王某。此时，刘某依然用着桦甸市经济局副科长的身份。2009 年 2 月，刘某将朋友的面包车撞坏了，要赔 1 万元，王某主动提出借钱给他，刘某答应王某开春买种子时就把钱还上。开春之后，刘某没能把钱还给王某，这时，刘某听一个朋友提起开油页岩矿能挣钱，他便告诉王某他要开油页岩矿挣大钱，能算上王某一份，并称在省委做秘书的舅舅给他找关系调动了工作，他现在是桦甸市委书记的秘书。王某信以为真，拿出 1.5 万元入伙。刘某告诉王某，算上之前欠他的 1 万元，王某是 2.5 万元本钱。之后，刘某又以开矿“有很多地方需要打点”为由先后找王某撞骗，合计 11 万元。刘某拿着王某的钱去了江苏等地旅游，并将这些钱挥霍一空。他对王某谎称：“要离开一段时间，去南京参加干部培训班，还要被派往四川赈灾。”这期间王某曾和刘某说过如果矿开不起来就还钱，但刘某答复说，他又被调到二道甸子镇当副镇长，主管教育。眼看刘某的官越当越大，王某便打消了疑虑。直到 2009 年 12 月 17 日 8 时许，王某在桦甸市委打听到根本没有刘某这个人，他立即报了警，并给刘某打电话说要请他吃饭。11 时许，桦甸市公安局刑警大队特管中队民警把正在吃饭的刘某抓个正着，刘某因涉嫌招摇撞骗罪被刑拘。

为您说说法

《刑法》第二百七十九条：冒充国家机关工作人员招摇撞骗的，处三年以下有期徒刑、拘役、管制或者剥夺政治权利；情节严重的，处三年以上十年以下有期徒刑。

冒充人民警察招摇撞骗的，依照前款的规定从重处罚。

给您提个醒儿

招摇撞骗罪是指为谋取非法利益，假冒国家机关工作人员的身份或职称，进行诈骗，损害国家机关的威信及其正常活动的行为。本罪侵犯的客体是国家机关的威信及其正常活动。这是本罪同侵犯财产权利的诈骗罪的主要区别之一。尽管行为人的撞骗行为也可能骗取财物，但由于行为人采用的是冒充国家机关工作人员的手段致使人民群众以为这些不法行为是国家机关工作人员所为，因而直接破坏了国家机关的威信及其正常的活动。这也是本罪特殊的、实质的危害所在。本罪在客观方面表现为行为人具有冒充国家机关工作人员的身份或职称，进行诈骗的行为。第一，行为人必须具有冒充国家机关工作人员的身份或者职称的行为。所谓冒充国家机关工作人员的身份或者职称，不单是指非国家机关工作人员冒充国家机关工作人员，而且也包括此种国家机关工作人员冒充他种国家机关工作人员的身份或者职称，例如普通机关的行政干部冒充公安机关的干部，普通国家干部冒充高级职务的国家干部等。如果行为人冒充的是非国家工作人员的身份；如冒充党团员、高干子弟、烈士子弟、私营或集体企业单位的管理人员、采购员等进行招摇撞骗活动的，不能构成本罪，达到犯罪程度的可能构成诈骗罪或其他犯罪。第二，行为人必须具有招摇撞骗的行为，即行为人要以假冒国家机关工作人员身份或职称，招摇炫耀，利用人民群众对国家机关工作人员的信任，实施了骗取非法利益的行为。所谓招摇撞骗，即到处行骗，因而构成犯罪的行为。一般都具有连续性、多次性的特点。如果行为人只有一次这种行为的，原则上不宜以犯罪论处。上述两种要素必同时具备并存在有机的联系，才符合招摇撞骗的客观要求。本罪的主体为一般主体，即任何达到刑事责任年龄，具备刑事责任能力的人都可以成为本罪的主体。非国家工作人员和国家工作人员均可构成本罪。本罪在主观方面只能是出于故意，其犯罪目的是为了谋取非法利益。这里所说“非法利益”，不单指物质利益，也包括各种非物质利益，例如，为了骗取某种政治待遇或者荣誉待遇，甚至为了骗取“爱情”，玩弄异性等。但本罪的主观恶性一般限制在“骗”的范围内，如果行为人主观上具有抢劫、强奸的故意，冒充国家机关工作人员只是一种给受害人心理上造成威胁，使之不敢反抗的手段，属于一种更为严重的犯罪。例如冒充缉私人员，威胁走私分子交出走私物品；冒充司法人员，逼迫被告人家属与之发生性关系等，都应分别以抢劫罪、强奸罪等论处。

本案中，被告人刘某冒充国家机关工作人员，实施招摇撞骗的行为侵害了国家机关的威信和正常活动，应当以招摇撞骗罪定罪处刑。

72. 办假证，构成何罪？[①]

跟您说个事儿

被告人洪某，男，39 岁，系邵阳市城郊农民。其原本在该市建筑工地做小工，可他嫌做建筑小工太辛苦又赚钱少，总是梦想能找到一份能赚轻快钱的好活。2008 年 2 月，被告人洪某见做假证既轻松又来钱快，便购买大量伪造的印章、木质钢印、空白证件，在该市三眼井临近广场的山上居民区租赁一散户作为制作假证窝点，在该市广场周围的人行道上摆摊招揽生意，给一些法制观念淡薄、企图以假证办事的街头流动人员制作假冒证件，每做一份假证获利 10 元至 50 元不等。经查证属实的犯罪事实有：2008 年 3 月 23 日，被告人洪某给陈某伪造了一份“邵阳学院毕业证书”；2008 年 5 月 4 日，被告人洪某给郑某伪造了广州市白云区计划生育宣传技术指导站颁发的“广东省流动人口避孕节育情况报告单”一份；2008 年 5 月 6 日，被告人洪某给谢某伪造了由该市新邵县职称改革工作领导小组办公室颁发的“中药士资格证书”一份；2008 年 5 月 8 日，被告人洪某给刘某伪造了“湖南中医药大学毕业证书”一份，在二人正行交易时，被公安干警逮个正着。随即，公安干警搜查了被告人洪某的租住房，搜缴其用于制作假证的圆形印章 1 383 枚，木质钢印 497 枚，空白证件 69 种，合计 6 452 份。2009 年 1 月 4 日，鉴于被告人洪某认罪、悔罪态度好，法院以买卖国家机关印章罪与伪造事业单位印章罪，两罪并罚判处被告人洪某拘役 5 个月 15 天。

为您说说法

《刑法》第二百八十条：伪造、变造、买卖或者盗窃、抢夺、毁灭国家机关的公文、证件、印章的，处三年以下有期徒刑、拘役、管制或者剥夺政治权利；情节严重的，处三年以上十年以下有期徒刑。

伪造公司、企业、事业单位、人民团体的印章的，处三年以下有期徒刑、拘役、管制或者剥夺政治权利。

---

① 案件来源 邵阳双清区政府网，http：//www.shuangqing.gov.cn/jcy/Content.Asp?ID=75。

给您提个醒儿

伪造、变造、买卖国家机关公文、证件、印章罪，是指非法制造、变造、买卖国家机关公文、证件、印章的行为。本罪侵犯的客体是国家机关的正常管理活动和信誉。国家机关制作的公文、使用的印章和证件是其在社会的一定领域、一定方面实行管理活动的重要凭证和手段。任何伪造、变造、买卖国家机关的公文、证件、印章的行为，都会影响其正常管理活动，损害其名誉，从而破坏社会管理秩序。本罪侵犯的对象是公文、证件、印章，且仅限于国家机关的公文、证件和印章。所谓公文，一般是指国家机关制作的，用以联系事务、指导工作、处理问题的书面文件，如命令、指示、决定、通知、函电等。所谓证件，是指国家机关制作、颁发的，用以证明身份、职务、权利义务关系或其他有关事实的凭证，如结婚证、工作证、学生证、护照、户口迁移证、营业执照、驾驶证等。所谓印章，是指国家机关刻制的以文字与图记表明主体同一性的公章或专用章，他们是国家机关行使职权的符号和标记，公文在加盖公章后始能生效。用于国家机关事务的私人印鉴、图章也应视为本款所称印章。本罪在客观方面表现为伪造、变造、买卖国家机关公文、证件、印章的行为。所谓伪造，是指无权制作者制作假的公文、证件或印章，既包括根本不存在某一公文、证件或印章而非法制作出一种假的公文、证件和印章，又包括在存在某一公文、证件或印章的情况下而模仿其特征而复印、伪造另一假的公文、证件或印章。所谓变造，则是对真实的公文、证件或印章利用涂改、擦消、拼接等方法进行加工、改制，以改变其真实内容。所谓买卖，即对国家机关公文、证件或者印章实行有偿转让，包括购买和销售两种行为。至于买卖的公文、证件或印章，既可以是真实的，也可以是伪造或者变造的。伪造、变造、买卖国家机关公文、证件、印章罪的主体是一般主体，即凡是达到法定刑事责任年龄、具有刑事责任能力的人均可构成伪造、变造、买卖国家机关公文、证件、印章罪。本罪主观方面只能出于直接故意，间接故意和过失不构成伪造、变造、买卖国家机关公文、证件、印章罪。

本案中，被告人洪某实施的办假证的行为已经满足了本罪的全部构成要件，应以本罪定罪处罚。

73. 上树做“鸟人”，聚众堵交通，构成何罪？[①]

跟您说个事儿

因修建渝宜高速公路奉节县城西连接道工程，重庆市奉节县需拆迁朱衣镇陈某等270余户农房。随后，绝大多数农户均已与政府签订了补偿安置协议并自愿拆迁后，陈某认为政府依据有关政策标准计算的39.2万元现金补偿费低，且政府提供的3套共270平方米的房屋安置未达到其要求，故拒绝签订安置补偿协议和自行拆迁。2008年12月26日，为确保属于公共利益的重点工程顺利实施，陈某的房屋被依法强制拆除。2009年9月1日，陈某携带砖头、绳索、农药、高音喇叭、扩音器等物，爬上处于在建高速公路连接道的一颗桉树上搭建窝棚，并在此居住两个多月。同年9月17日和10月25日，陈某打电话和用高音喇叭鼓动亲属和附近的村民拦车堵路，其妻沈某等人迅速聚集到陈某所在桉树旁边的交通干道上，拦住车辆不准通行，随后还不服从赶到现场维持交通秩序的民警指挥，分别导致该主干道交通堵塞近一小时和近四个小时，百余辆机动车辆不能正常通行，严重扰乱了交通秩序。法院审理认为，陈某自己和多名证人均证实其采取电话联系或在树上用喇叭喊话的方式，叫其亲属及附近村民拦堵车辆，被告人陈某虽然没有下树堵车的具体行为，但其聚众扰乱交通秩序，并抗拒、阻碍国家治安管理工作人员依法执行职务，情节严重，系首要分子，其行为已构成聚众扰乱交通秩序罪，判处陈某有期徒刑3年。

为您说说法

《刑法》第二百九十一条：聚众扰乱车站、码头、民用航空站、商场、公园、影剧院、展览会、运动场或者其他公共场所秩序，聚众堵塞交通或者破坏交通秩序，抗拒、阻碍国家治安管理工作人员依法执行职务，情节严重的，对首要分子，处五年以下有期徒刑、拘役或者管制。

---

① 案件来源 搜狐新闻，http://news.sohu.com/20100903/n274693478.shtml。

给您提个醒儿

聚众扰乱公共场所秩序、交通秩序罪是指聚众扰乱车站、码头、民用航空站、商场、公园、影剧院、展览会、运动场或者其他公共场所秩序，聚众堵塞交通或者破坏交通秩序，抗拒、阻碍国家治安管理工作人员依法执行职务，情节严重的行为。本罪侵犯的客体是公共场所秩序或者交通秩序。“公共场所秩序”，是指保证公众安全顺利地出入、使用公共场所所规定的公共行为规则。“公共场所”，是指具有公共性的特点，对外开放，能为不特定的多数人随意出入、停留、使用的场所，主要有车站、码头、民用航空站、商场、公园、影剧院、展览会、运动场等；本罪中的“其他公共场所”，主要是指礼堂、公共食堂、游泳池、浴池、农村集市等。“交通秩序”，是指交通工具与行人在交通线路上安全顺利通行的规则。本罪客观方面表现为行为人聚众扰乱公共场所秩序，抗拒、阻碍国家治安管理人员依法执行职务，情节严重的行为。具体而言，是指在公共场所和交通线上，聚众哄闹、静坐示威、堵塞交通、拦截火车、汽车、电车、轮船；聚众封锁交通要道、车站、码头；强占交通指挥设施；围攻、殴打国家治安管理人员，阻碍交通民警指挥交通等。扰乱公共场所秩序或交通秩序的行为，必须是抗拒、阻碍国家治安管理工作人员依法执行职务的行为，且达到了情节严重。如果聚众哄闹，扰乱公共场所或交通秩序，经治安管理人员劝阻后，马上散去，并无抗拒、阻碍国家治安管理工作人员执行职务，就不构成犯罪。因此，本罪与非罪的界限，就是要看行为人是否抗拒治安人员执行职务并达到情节严重的行为。具体表现为以下两种行为：第一，聚众扰乱公共场所秩序或者聚众堵塞交通、破坏交通秩序。“聚众扰乱公共场所秩序”，是指纠集多人以各种方法对公共场所秩序进行干扰和捣乱，主要是故意在公共场所聚众起哄闹事；“聚众堵塞交通、破坏交通秩序”，是指纠集多人堵塞交通使行驶车辆、行人不能通过，或者故意违反交通规则，破坏正常的交通秩序，影响顺利通行和通行安全的行为。第二，抗拒、阻碍国家治安管理人员依法执行职务，即抗拒、阻碍治安民警、交通民警和其他依法执行治安管理职务的工作人员依法去维护公共场所秩序或者交通秩序的行为。上述两种行为都是构成本罪的要件，缺一不可。根据法律规定，聚众扰乱公共场所秩序的行为，必须达到“情节严重”的程度才构成犯罪。所谓情节严重，在司法实践中，一般是指聚众扰乱公共场所秩序、交通秩序人数多或者时间长的；造成人员伤亡或者公私财物重大损失的；影响或者行为手段恶劣的等等。本罪主体是一般主体，但只有聚众扰乱公共场所秩序或交通秩序的首要分子，即扰乱活动的组织者、策划者、指挥者才构成本罪。一般的参与者，不构成犯罪。本罪主观方面是故意。而且行为人通常通过聚众扰乱的方式对有关方面特别是政府施加压力，迫使其解决有关问题，以实现个人目的。行为人的要求是否正当，一般不影响本罪的成立，但可以作为量刑时的参考。

本案中，被告人陈某因不满政府征地安置补偿条件，以在树上搭建窝棚方式居住两个多月，期间用高音喇叭鼓动亲属和附近的村民拦车堵路，造成当地交通主干道堵塞数小时，其行为已经满足了聚众扰乱交通秩序罪的构成要件，应当依法追究其刑事责任。

74. 假投毒，真犯法①

跟您说个事儿

2009年6月下旬，福建省平潭县城关镇两名妇女被不明身份的人用针筒扎刺，出现红肿症状。该事件发生后，当地广泛流传有患“艾滋病”的男子使用注有自己血液的针筒，在晚上到人流较大的地方专找年轻女子扎针，这一传闻引起当地群众恐慌。法院经审理查明，2009年6月中旬，为筹款回河南老家盖房子，在平潭务工的周某与妻子张甲、小舅子张乙合谋，对平时有业务往来、经济富裕的平潭县城某商行老板林某实施诈骗。6月25日晚，周某等人在平潭城关某房地产销售部门口看见貌似该商行老板的妻子，使用针头猛扎其腰部。次日，他们见商行老板一家人没反应，便继续跟踪，伺机作案。6月30日晚，他们在平潭城关某超市附近发现商行老板的妻子陈某，迅速上前朝其腹部猛扎一针后逃之夭夭。此后，张乙打电话恐吓商行老板的家人，周某则到该商行，意图让商行老板林某向其求医，但林某未上当。平潭县法院经审理认为，3名被告人用针扎刺无辜妇女，对妇女及其他居民的心理造成恐慌，严重扰乱了社会秩

① 案件来源 新浪新闻，http://news.sina.com.cn/c/2006-11-06/181710427685s.shtml。

序，其行为构成投放虚假危险物质罪，被告人周某、张乙和张甲分别被判处有期徒刑3年6个月、2年和8个月。

为您说说法

《刑法》第二百九十一条之一：投放虚假的爆炸性、毒害性、放射性、传染病病原体等物质，或者编造爆炸威胁、生化威胁、放射威胁等恐怖信息，或者明知是编造的恐怖信息而故意传播，严重扰乱社会秩序的，处五年以下有期徒刑、拘役或者管制；造成严重后果的，处五年以上有期徒刑。

给您提个醒儿

投放虚假危险物质罪，是指投放虚假的爆炸性、毒害性、放射性、传染病病原体等物质，严重扰乱社会秩序的行为。本罪的客体是社会秩序。本罪的客观方面表现为行为人实施了投放、邮寄、设置虚假的爆炸性、毒害性、放射性、传染病病原体等物质，严重扰乱社会秩序的行为。本罪的主体是一般主体。本罪的主观方面是故意，过失不构成本罪。

在本案中，三名被告人的目的行为是诈骗，因意志以外原因没有得逞，采用的手段行为就是投放虚假危险物质，构成诈骗罪（未遂）和投放虚假危险物质罪的牵连犯，按照从一重处断原则，法院以投放虚假危险物质罪定罪处刑是恰当的。

75. 编造谣言引起恐慌，也会构成犯罪吗？[①]

跟您说个事儿

2010年3月26日，被告人郭某因自己的养鸡场效益不好，就产生了编造和传播生猪有疫情，让群众不敢吃猪肉，从而使鸡肉价格上涨的想法。同日晚21时许，郭某到勉县一网吧在百度发帖称“最近汉中地区口

① 案件来源 正义网，http://news.jcrb.com/jxsw/201011/t20101129_472975.html。

蹄疫、蓝耳病、猪瘟严重，好多养殖户都倒闭了，所以最近猪肉价格便宜得很。农业局早就把消息封锁了，希望大家别图便宜去买猪肉，勉县最近疫情很严重的。”信息发出后，网民随即跟帖询问，该帖在县内造成老百姓的恐慌心理，猪肉价格下跌，给全县生猪养殖户造成了一定的经济损失。同时此帖信息引起中央领导高度重视，国务院领导作出重要批示，农业部迅速派出重大动物疫情防控定点联系工作组赴陕西省汉中市勉县进行实地核查。经查，勉县未发生口蹄疫、蓝耳、猪瘟等疫情，网帖内容与实际不符。该事件发生后，在一定范围内造成了恶劣影响。4 月 14 日，勉县公安局将郭某抓获。法院审理认为，被告人郭某编造并在互联网上故意传播虚假生猪疫情的信息，在国内一定范围内造成了恶劣影响，严重扰乱了社会秩序，其行为已构成编造、故意传播虚假恐怖信息罪，判处有期徒刑 2 年。

为您说说法

《刑法》第二百九十一条之一：投放虚假的爆炸性、毒害性、放射性、传染病病原体等物质，或者编造爆炸威胁、生化威胁、放射威胁等恐怖信息，或者明知是编造的恐怖信息而故意传播，严重扰乱社会秩序的，处五年以下有期徒刑、拘役或者管制；造成严重后果的，处五年以上有期徒刑。

给您提个醒儿

编造、故意传播虚假恐怖信息罪是指编造爆炸威胁、生物威胁、放射威胁等恐怖信息，或者明知是编造的恐怖信息而故意传播，严重扰乱社会秩序的行为。本罪所侵害的客体为社会秩序，包括机关、企业、事业单位、人民团体等单位的工作、生产、营业、教学、科研等秩序，公共场所、交通秩序，以及人民群众正常的工作、生活秩序。本罪在客观方面表现为编造爆炸威胁、生化威胁、放射威胁等恐怖信息，或者传播编造的恐怖信息，严重扰乱社会秩序的行为。必须具有编造、传播之一的行为。所谓编造，是指毫无根据的、无中生有凭空捏造、胡编乱造。其结果是产生虚假的即不存在、不真实、与事实不符的信息。所谓传播，是指采取各种方式将恐怖信息广泛加以宣扬、散布、扩散以让公众知道。如只是在个别亲友之间加以议论，没有广泛散布、宣扬的，则不能构成本罪。至于编造、传播方式，可多种多样。有的采取口头方式编造、宣扬，或通过他人向外扩散等；有的采取书面方式，如在报纸、书刊、杂志、布告、标语、广告、信件等编造、散布；有的采用电话、电视、电影、录音、录像、互联网、电子邮件、手机短信、传真等现代化的信息传播手段编造、扩散，等等。无论其方式如何，只要是将并不存在的恐怖信息杜撰出来，或者传播出去让不特定的公众知道，引起了恐慌，扰乱了社会秩序，即可构成本罪。至于传播是单个传播，还是当众向多人传播；是当面传播，还是以不当面的方式如将编造的恐怖信息通过电报、传真、电子邮件、手机短信扩散等，则不影响本罪传播行为的认定。本罪的主体为一般主体。年满16周岁具有刑事责任能力的自然人，均可构成本罪。本罪在主观方面必须出于故意，即为了扰乱社会秩序，明知没有爆炸威胁、生化威胁、放射威胁等恐怖威胁，却加以编造，或者明知是编造的虚假恐怖信息而加以传播。过失不能构成本罪。确实不知是虚假的恐怖信息而误认为是真实的恐怖信息，或者将某种非恐怖威胁的行动误认为是恐怖行动而加以编辑、发布的，不构成本罪。至于其动机，可多种多样，有的是想制造恐怖气氛；有的是对社会不满，制造混乱，发泄私愤；有的是想借此向社会施压企图满足自己的某种要求；有的是精神空虚无聊，借之寻找畸形乐趣等等。动机如何，并不影响本罪成立。

本案中，被告人郭某只图自己能发财，竟然无视社会公德和国家法律，故意编造并传播虚假的生猪疫情，严重扰乱社会秩序，对其以编造、故意传播虚假恐怖信息罪定罪处刑是合理的。

76. 打群架，是犯法[①]

跟您说个事儿

被告人蒋某和邵某（已判刑）因借钱发生矛盾，2008年11月11日下午，两人在洪泽县城某餐厅发生争执经人劝说无效后，蒋某想找人教训邵某，遂电话联系古某（另案处理），古某答应帮忙。当晚，蒋某纠集袁

① 案件来源 淮安市中级人民法院，http://fy.huaian.gov.cn/web/fy/2010/06/09/840381.html。

某、古某（均另案处理）等人在洪泽县城某饭店吃饭时，蒋某提出打邵某的想法，并请袁某、古某等人去造势。后蒋某电话联系邵某，得知邵某在洪泽县城某歌厅，就与袁某、古某等人一同前往。邵某得知被告人蒋某欲带人打他后，便纠集胡某（已判刑）等多人到场，蒋某和邵某见面后相互殴打，胡某等人亦对古某、袁某等人实施殴打，并将蒋某等人打伤倒地。法院审理后认为，被告人蒋某与他人共同实施聚众斗殴行为，系共同犯罪。在共同犯罪中，蒋某纠集多人聚众斗殴，系首要分子，应当按照其组织、指挥的全部犯罪处罚。因蒋某认罪态度较好，系初犯，故洪泽县人民法院作出判决：被告人蒋某因犯聚众斗殴罪，判处有期徒刑 14 个月。

为您说说法

《刑法》第二百九十二条：聚众斗殴的，对首要分子和其他积极参加的，处三年以下有期徒刑、拘役或者管制；有下列情形之一的，对首要分子和其他积极参加的，处三年以上十年以下有期徒刑：

（一）多次聚众斗殴的；

（二）聚众斗殴人数多，规模大，社会影响恶劣的；

（三）在公共场所或者交通要道聚众斗殴，造成社会秩序严重混乱的；

（四）持械聚众斗殴的。

聚众斗殴，致人重伤、死亡的，依照本法第二百三十四条、第二百三十二条的规定定罪处罚。

《最高人民检察院、公安部关于公安机关管辖的刑事案件立案追诉标准的规定（一）》（2008 年 6 月 25 日）第三十六条［聚众斗殴案（《刑法》第二百九十二条第一款）］规定，组织、策划、指挥或者积极参加聚众斗殴的，应予立案追诉。

给您提个醒儿

聚众斗殴罪，是指为了报复他人、争霸一方或者其他不正当目的，纠集众人成帮结伙地互相进行殴斗，破坏公共秩序的行为。聚众斗殴罪侵犯的客体是公共秩序。所谓公共秩序，不应简单地理解为公共场所的秩序，而是指在社会公共生活中应当遵守的各项共同生活的规则、秩序。聚众斗殴罪的客观方面表现为纠集众人结伙殴斗的行为。聚众斗殴主要是指出于私仇、争霸或者其他不正当目的而成帮结伙地殴斗。聚众，一般是指人数众多，至少不得少于3人；斗殴，主要是指采用暴力相互搏斗，但使用暴力的方式各有区别。聚众斗殴多表现为流氓团伙之间互相殴斗，少则几人、十几人，多则几十人、上百人，他们往往是约定时间、地点，拿刀动棒，大打出手，而且往往造成伤亡和社会秩序的混乱，是一种严重影响社会公共秩序的恶劣犯罪行为。斗殴起因或为争夺势力范围，或为哥们出气进行报复，或为争夺女人发生矛盾等，总之是要显示自己一伙人的“威风”、“煞气”，压倒对方，而置公共秩序于不顾。聚众斗殴罪的主体是一般主体，凡年满16周岁且具备刑事责任能力的自然人均能构成聚众斗殴罪，但并非所有参加聚众斗殴者均构成聚众斗殴罪。只有聚众斗殴的首要分子和其他积极参加者，才能构成聚众斗殴罪的主体。所谓首要分子，是指在聚众斗殴中起组织、策划、指挥作用的犯罪分子；所谓其他积极参加者，是指除首要分子以外的在聚众斗殴中起重要作用的犯罪分子。一般参加者不能构成聚众斗殴罪的主体。聚众斗殴罪的主观方面是故意。

本案中，被告人蒋某公然藐视国家法纪和社会公德，企图通过实施聚众斗殴活动来追求某种卑鄙欲念的满足，在思想上已经丧失了道德观念和法制观念，是非荣辱标准已被颠倒。故此，应当以聚众斗殴罪追究蒋某的刑事责任。

77. 寻衅滋事耍流氓，未立威风进班房[①]

跟您说个事儿

朱甲、胡某、王某、朱乙、梁某5位农民多次在本村村口附近无事生非，随意殴打过路群众。2010年10月24日21时许，许昌县乙村村民徐甲、徐乙来到许昌县公安机关报案，称两人吃过晚饭骑摩托车路过许昌县甲村时，因被一条狗追咬，徐甲骂了狗一句脏话，被在周围闲聊的5位甲村村民听到后，两人遭5人拦截并殴打。徐甲、徐乙两人还言称对5人的

① 案件来源 中国法院网，http：//hnfy. chinacourt. org/public/detail. php？ id=111606。

面部特征记忆犹新，见面一定能够辨认出这5个人。接到徐甲、徐乙的报案后，许昌县公安机关接到类似性质的报案已达3起，且均发生在许昌县甲村附近，公安机关经充分分析后决定将三案合并一案进行侦查，后锁定30多名可疑人员并多次经受害人徐甲、徐乙的辨认，最终于2010年11月21日将朱甲、胡某、王某抓获归案。朱乙、梁某两人于2010年12月15日到许昌县公安机关自首。

经查，朱甲、胡某、王某、朱乙、梁某5人均是许昌县甲村农民，年龄最大的35岁，最小的21岁。2010年10月3日下午16时许，被害人宋某驾驶某小型货车往许昌县甲村某建筑工地送沙子，当车行至甲村路口时，被路面上垒的水泥墩子挡住，宋某欲将水泥墩子砸掉先让车通行，等工地施工结束后再垒好。王某看到有人砸墩子，喊来朱甲、胡某。3人与宋某为此事发生争执，后朱甲、胡某、王某三人对宋某进行殴打。2010年10月9日16时许，被害人郑乙和其父亲郑甲开收割机回家，途径许昌县甲村，因收割机不慎撞到路边的水泥墩子，郑甲、郑乙两人欲驾车离开，被胡某骑摩托车拦截，胡某手持砖块对郑甲和郑乙进行殴打。

经鉴定，徐甲所受损伤为轻伤，徐乙、郑乙所受损伤为轻微伤。案件审理期间，经法院主持调解，5位被告人积极赔偿被害人的物质损失，得到了被害人的谅解。

法院经审理认为，被告人朱甲、胡某、王某、朱乙、梁某随意殴打他人，破坏社会秩序，情节严重，其行为均已构成寻衅滋事罪。被告人朱乙、梁某犯罪后主动到公安机关投案，如实供述自己的犯罪事实，是自首，可以从轻处罚。5位被告人积极赔偿被害人的物质损失，得到了被害人的谅解，归案后悔罪表现好。2011年3月14日，许昌县人民法院分别以寻衅滋事罪，判处被告人朱甲有期徒刑8个月，缓刑1年。判处胡某、王某两被告人有期徒刑7个月，缓刑1年。判处朱乙、梁某两被告人有期徒刑6个月，缓刑1年。

为您说说法

《刑法》第二百九十三条：有下列寻衅滋事行为之一，破坏社会秩序的，处五年以下有期徒刑、拘役或者管制：

（一）随意殴打他人，情节恶劣的；

（二）追逐、拦截、辱骂、恐吓他人，情节恶劣的；

（三）强拿硬要或者任意损毁、占用公私财物，情节严重的；

（四）在公共场所起哄闹事，造成公共场所秩序严重混乱的。

纠集他人多次实施前款行为，严重破坏社会秩序的，处五年以上十年以下有期徒刑，可以并处罚金。

《最高人民检察院、公安部关于公安机关管辖的刑事案件立案追诉标准的规定（一）》（2008年6月25日）第三十七条［寻衅滋事案（《刑法》第二百九十三条）］规定，寻衅滋事，破坏社会秩序，涉嫌下列情形之一的，应予立案追诉：

（一）随意殴打他人造成他人身体伤害、持械随意殴打他人或者具有其他恶劣情节的；

（二）追逐、拦截、辱骂他人，严重影响他人正常工作、生产、生活，或者造成他人精神失常、自杀或者具有其他恶劣情节的；

（三）强拿硬要或者任意损毁、占用公私财物价值二千元以上，强拿硬要或者任意损毁、占用公私财物三次以上或者具有其他严重情节的；

（四）在公共场所起哄闹事，造成公共场所秩序严重混乱的。

给您提个醒儿

寻衅滋事罪，是指肆意挑衅，随意殴打、骚扰他人或任意损毁、占用公私财物，或者在公共场所起哄闹事，严重破坏社会秩序的行为。本罪侵犯的客体是公共秩序。所谓公共秩序包括公共场所秩序和生活中人们应当遵守的共同准则。寻衅滋事犯罪多发生在公共场所（也有一些发生在偏僻隐蔽的地方），常常给公民的人身、人格或公私财产造成损害，但是寻衅滋事罪一般侵犯的并不是特定的人身、人格或公私财产，而主要是指向公共秩序，向整个社会挑战，蔑视社会主义道德和法制。寻衅滋事罪的客观方面主要表现为：①随意殴打他人，情节恶劣的。随意殴打他人，是指出于耍威风、取乐等不健康动机，无故、无理殴打相识或者素不相识的人。这里的情节恶劣的，是指随意殴打他人手段残忍的；多次随意殴打他人的；造成被殴打人自杀等严重后果的等。②追逐、拦截、辱骂、恐吓他人，情节恶劣的。追逐、拦截、辱骂、恐吓他人，是指出于取乐、寻求精神刺激等不健康动机，无故无理追赶、拦挡、侮辱、谩骂、恐吓他人。这里的情节恶劣的，主要是指经常性追逐、拦截、辱骂、恐吓他人的；造成恶劣影响或者激起民愤的；造成其他后果的等。③强拿硬要或者任意损毁、占用公私财物，情节严重的。强拿硬要或者任意损毁、占用公私财物，是指以蛮不讲理的流氓手段，强行索要市场、商店的商品以及他人的财物，或者随心所欲损坏、毁灭、占用公私财物。这里的情节严重的，是指强拿硬要或者任意损毁、占用公私财物数量大的；造成恶劣影响的；多次强拿硬要或者任意损毁、占用公私财物的；造成公私财物受到严重损失的等。④在公共场所起哄闹事，造成公共场所秩序严重混乱的。在公共场所起哄闹事，是指出于取乐、寻求精神刺激等不健康动机，在公共场所无事生非，制造事端，扰乱公共场所秩序；造成公共场所秩序严重混乱的，是指公共场所正常的秩序受到破坏，引起群众惊慌、逃离等严重混乱局面的。纠集他人多次实施以上行为，严重破坏社会秩序是本罪的加重处罚情形。本罪的主体为一般主体，凡年满16周岁且具备刑事责任能力的自然人均能构成本罪。本罪在主观上只能由故意构成，即公然藐视国家法纪和社会公德，其动机是通过寻衅滋事活动，追求精神刺激，填补精神上的空虚。

本案中，被告人朱甲、胡某、王某、朱乙、梁某随意殴打他人，破坏社会秩序，情节严重，其行为均已构成寻衅滋事罪。该罪名由1979年《刑法》的流氓罪转化而来，2011年2月25日《刑法修正案（八）》又对本罪进行了修改。

78. 参加黑社会性质组织，构成什么罪？[①]

跟您说个事儿

2005年至2008年期间，被告人杨甲与杨乙（未归案）长期纠集广西北海市合浦县白沙镇五星村委会瓦窑岭村一带青年进行违法犯罪活动，逐渐形成了一个以杨甲和杨乙为首，以杨丙、杨丁等瓦窑岭村青年为主的22人参加的宗族性质的，带有黑社会性质的犯罪组织。该犯罪组织购置了霰弹枪等作案工具，以合浦县白沙镇为活动中心，有组织、有预谋地在合浦县白沙镇和农村从事伤害、绑架、敲诈等一系列违法犯罪行为，致重伤5人，轻伤1人，绑架3人，非法拘禁7人，敲诈勒索10万多元，还

① 案件来源 中国普法网，http：//www.legalinfo.gov.cn/index/content/2010-07/28/content_2212548.htm?node=7880。

寻衅滋事殴打群众、毁坏财物，严重侵犯了群众的财产和人身权利。该犯罪组织还通过实施开设赌场、抽水渔利、放高利贷、收取保护费、敲诈勒索等违法犯罪活动聚敛财富，通过暴力、威胁手段垄断合浦县白沙镇啤酒批发行业、废品回收行业等以获取经济利益，以违法犯罪所得及非法经营收益支持该组织成员进行违法犯罪活动。2008 年 10 月，公安机关抓获了该黑社会性质组织的头目杨甲和其他成员，捣毁了该犯罪组织。2010 年 7 月 27 日，广西北海市中级人民法院依法对本案进行宣判：首犯杨甲以犯组织、领导黑社会性质组织罪、故意伤害罪、敲诈勒索罪、非法买卖枪支罪等数罪并罚，判处决定执行死刑，缓期 2 年执行，剥夺政治权利终身，并处罚金人民币 2 万元；对其他 22 名参加黑社会性质组织的被告人分别判处有期徒刑 2 年至 20 年不等的刑罚，判处罚金 9 万元，赔偿金 4 万多元，追缴轿车 1 辆等。

为您说说法

《刑法》第二百九十四条：组织、领导黑社会性质的组织的，处七年以上有期徒刑，并处没收财产；积极参加的，处三年以上七年以下有期徒刑，可以并处罚金或者没收财产；其他参加的，处三年以下有期徒刑、拘役、管制或者剥夺政治权利，可以并处罚金。

境外黑社会组织的人员到中华人民共和国境内发展组织成员的，处三年以上十年以下有期徒刑。

国家机关工作人员包庇黑社会性质的组织，或者纵容黑社会性质的组织进行违法犯罪活动的，处五年以下有期徒刑；情节严重的，处五年以上有期徒刑。

犯前三款罪又有其他犯罪行为的，依照数罪并罚的规定处罚。

黑社会性质的组织应当同时具备以下特征：

（一）形成较稳定的犯罪组织，人数较多，有明确的组织者、领导者，骨干成员基本固定；

（二）有组织地通过违法犯罪活动或者其他手段获取经济利益，具有一定的经济实力，以支持该组织的活动；

（三）以暴力、威胁或者其他手段，有组织地多次进行违法犯罪活动，为非作恶，欺压、残害群众；

（四）通过实施违法犯罪活动，或者利用国家工作人员的包庇或者纵容，称霸一方，在一定区域或者行业内，形成非法控制或者重大影响，严重破坏经济、社会生活秩序。

给您提个醒儿

组织、领导、参加黑社会性质组织罪，是1997年《刑法》新设立的罪名，2002年4月28日，全国人大常委会通过了《关于<刑法>第二百九十四条第一款的解释》，对黑社会性质组织的特征进行了具体规定，《刑法修正案（八）》将该立法解释所列的四个特征写入了刑法。随着社会经济的发展，农村剩余劳动力大量涌现，尤其是一些青壮年，很多人不思劳作，更没有一技之长，接触了外面的花花世界后，很希望自己也能获得成功的机会。在某些经济欠发达地区，因闭塞和缺乏法治宣传及受到封建思想的影响，给黑恶势力的滋生创造了有利条件。这些黑恶势力为了聚敛财富，鱼肉乡民，欺男霸女，形成组织后，经常实施寻衅滋事、敲诈勒索、强迫交易等犯罪行为，导致民怨极大。这些犯罪行为不仅扰乱了经济秩序、社会生活秩序，也侵犯了公民的人身权利。行为人实施了组织、领导、参加黑社会性质组织三种行为之一的，即构成本罪。至于黑社会性质组织的认定，应参照法条中的四个特征来进行具体界定。

本案中，被告人杨甲与杨乙长期纠集附近农村青年进行违法犯罪活动，形成多人参加的宗族性质的黑社会性质组织，实施违法犯罪活动，严重破坏社会秩序，应当以本罪和该组织实施的其他犯罪实行数罪并罚。

79. 传授犯罪方法，应受什么处罚？①

跟您说个事儿

被告人纪某，37岁，黑龙江人。2009年2月至5月期间，被告人纪某在北京市朝阳区十八里店附近，分三次向黄某（另案处理）贩卖撬锁专用工具，并传授黄某使用工具开锁的方法，从中获利1 000余元人民币。2009年8月7日，纪某第四次向黄某贩卖撬锁工具时被抓获。关于

① 案件来源　网易新闻，http://news.163.com/09/1230/02/5ROH5VFC00011229.html。

贩卖撬锁工具的原因，纪某交代说，他来到北京后，没有什么技能，就开了一家鞋店，结果没有挣到钱，反而背了一身债。偶然间，他发现网上有卖开锁工具的。为了赚钱，他从2009年2月开始贩卖撬锁专用工具。“我印了好多出售撬锁工具的小广告，贴到公用厕所等处，黄某看见了，就主动打电话找我买工具。”纪某说，他贩卖的撬锁专用工具都是从网上买的，每次他都使用假名卖货，卖出过七八次。纪某承认，他知道买工具的应该是小偷，但为了赚钱他还是出卖撬锁专用工具给这些人。据嫌犯黄某交代，他一共从纪某手里买过4次开锁工具，第一次是在2009年2月。当纪某知道黄某是新手后，就推荐黄某买一种简单实用、技术含量低的开锁工具。在交易时，纪某拿挂锁和门锁现场演示后，黄某买了工具。黄某称，他还从纪某处购买了液压钳、开锁枪。用这些购买来的工具，黄某盗窃了10次，仅现金就偷了近15万元。纪某交代，他从网上买来工具转手卖时，至少加价1倍，比如不到200元的开锁枪，他转手卖给小偷黄某的价格为500元。检察机关认为，被告人纪某向他人出售犯罪工具并传授犯罪方法牟利，其行为触犯了《刑法》相关规定，应当以传授犯罪方法罪追究其刑事责任。法官当庭宣判：纪某犯传授犯罪方法罪，判处有期徒刑2年。

为您说说法

《刑法》第二百九十五条：传授犯罪方法的，处五年以下有期徒刑、拘役或者管制；情节严重的，处五年以上十年以下有期徒刑；情节特别严重的，处十年以上有期徒刑或者无期徒刑。

给您提个醒儿

传授犯罪方法罪，是指用语言、文字、动作、图像或者其他方法，故意向他人传授实施犯罪的具体经验和技能的行为。本罪侵犯的客体是复杂客体。一方面，任何传授犯罪方法的犯罪都是扩散犯罪方法、传授犯罪技巧，进而直接造成对社会治安秩序的破坏，这是本罪的直接客体；另一方面，根据行为人传授的不同性质的犯罪方法，被传授人可能实施各种不同的犯罪从而侵犯不同的社会关系，尽管本罪所可能侵犯的间接客体已经不是其行为直接所致的，但是，传授者在向被传授者传授某一特定犯罪方法时，对被传授者掌握并利用这些方法去侵犯一定的社会关系持希望或放任的态度，他对因传授内容而确定的社会关系的侵犯，主观上具有故意，客观上具有侵犯行为。至于被传授人是否接受传授或是否运用此方法去进行犯罪，不影响传授者对社会关系的侵犯。本罪的客观方面表现为实施了传授犯罪方法的行为，即以语言、文字、动作或者其他方式方法将实施犯罪的具体经验、技能传授给他人的行为，行为人构成本罪，所传授的必须是犯罪方法。这里的犯罪方法，是指犯罪的经验与技能，包括手段、步骤、反侦查方法等，如果所传授的只是一般的违法方法，则不构成本罪。行为人传授犯罪方法的形式是多种多样的，既有口头传授的，也有书面传授的；既有公开传授的，也有秘密传授的；既有当面直接传授的，也有间接转达传授的；既有用语言、动作传授的，也有通过实际实施犯罪而传授的等。不论采取何种方式传授，均不影响本罪的构成。本罪的行为对象既可以是达到刑事责任年龄、不具有刑事责任能力的人，也可以是未达到刑事责任年龄、具有刑事责任能力的人。本罪的主体是一般主体。凡是达到法定刑事责任年龄、具有刑事责任能力的人均可成为本罪的主体。但实践中多为具有犯罪经验和技能的人，如盗窃、抢劫等犯罪分子，尤其是惯犯、累犯。本罪的主观方面是故意，并且只能是直接故意，即行为人为了使他人接受自己所传授的犯罪方法去实施犯罪而故意向其进行传授。

本案中，被告人纪某向黄某贩卖撬锁专用工具，并传授使用工具开锁的方法，其主观上明知黄某会利用该工具和方法去实施犯罪行为，即明知买工具的应该是小偷，但为了赚钱还是出卖撬锁专用工具给这些人，其行为已经触犯了刑法，应该追究其刑事责任。

80. 宣扬邪教，也是犯罪？[①]

跟您说个事儿

2008 年 3 月至 4 月期间，被告人刘某、彭某、何甲分别邀约陈某、张某、何乙、王某等人在被告人彭某、何甲家聚会，之后在四川省高县来复镇天凤村、高凤村以及宜宾市翠屏区金山苑小区公开进行“门徒会”

① 案件来源 东方法眼网，http：//www.dffy.com/fazhixinwen/sifa/200901/20090118150559.html。

邪教宣传活动。“门徒会”又称“旷野基督教”、“天国福音旷野基督教”、“旷野窄门”等，是以宗教信仰为幌子进行非法活动，1995年即被国家明令取缔的邪教组织。被告人刘某在辽宁省本溪市打工期间，信奉邪教。2008年3月30日、31日、4月1日，被告人刘某到高县来复镇天凤村和高凤村，与“三赎基督教一号教点”负责人彭某、“二号教点”的何甲汇合后，分别邀约陈某、张某、何乙、王某等人在被告人彭某、何甲家聚会，安排“撒网行动”（即逐户上门宣传邪教），先后在高县来复镇天凤村、高凤村以及宜宾市翠屏区金山苑小区公开进行“三赎基督”邪教宣传活动，威胁、诱骗群众入教，发展教徒。经四川省宜宾市公安局认定，“三赎基督”是“门徒会”邪教组织。刘某、彭某、何甲组织和利用“三赎基督”邪教组织，破坏国家法律、行政法规的实施，扰乱社会秩序的行为，构成组织和利用邪教组织破坏法律实施罪。其中被告人刘某在本案中起主要作用，系本案主犯。被告人彭某、何甲起次要作用，系本案从犯，可减轻处罚。四川省高县法院依法作出判决：被告人刘某、彭某、何甲犯组织、利用邪教组织破坏法律实施罪，分别判处有期徒刑3年、2年和1年。

为您说说法

《刑法》第三百条：组织和利用会道门、邪教组织或者利用迷信破坏国家法律、行政法规实施的，处三年以上七年以下有期徒刑；情节特别严重的，处七年以上有期徒刑。

给您提个醒儿

组织、利用会道门、邪教组织、利用迷信破坏法律实施罪是指组织、利用会道门、邪教组织或者利用迷信活动破坏国家法律、行政法规实施的行为。本罪的具体行为是组织、利用会道门、邪教组织，利用迷信破坏国家法律、行政法规实施。由此可见，本罪的行为具有以下三种情形：一、组织、利用会道门破坏国家法律、行政法规实施。这里的会道门，是指会门和道门等封建迷信活动组织，包括一贯道、九宫道、先天道、后天道等。二、组织、利用邪教组织破坏国家法律、行政法规实施。这里的邪教组织，根据1999年10月9日《最高人民法院、最高人民检察院关于办理组织和利用邪教组织犯罪案件具体应用法律若干问题的解释（一）》（以下简称《解释（一）》）第一条的规定，是指冒用宗教、气功或者其他名义建立，神化首要分子，利用制造、散布迷信邪说等手段蛊惑、蒙骗他人，发展、控制成员，危害社会的非法组织。根据《解释（一）》第二条第一款的规定，组织、利用邪教组织并具有下列情形之一的，构成本罪：（一）聚众围攻、冲击国家机关、企业事业单位，扰乱国家机关、企业事业单位的工作、生产、经营、教学和科研秩序的。（二）非法举行集会、游行、示威、煽动、欺骗、组织其成员或者其他人聚众围攻、冲击、强占、哄闹公共场所及宗教活动场所，扰乱社会秩序的。（三）抗拒有关部门取缔或者已经被有关部门取缔，又恢复或者另行建立邪教组织，或者继续进行邪教活动的。（四）煽动、欺骗、组织其成员或者其他人不履行法定义务，情节严重的。（五）出版、印刷、复制、发行宣扬邪教内容出版物，以及印制邪教组织标识的。（六）其他破坏国家法律、行政法规实施行为的。根据2001年5月10日《最高人民法院、最高人民检察院关于办理组织和利用邪教组织犯罪案件具体应用法律若干问题的解释（二）》（以下简称《解释（二）》）第一条的规定，制作、传播邪教宣传品，宣扬邪教，破坏法律、行政法规实施，具有下列情形之一的，构成本罪：（一）制作、传播邪教传单、图片、标语、报纸三百份以上，书刊一百册以上，光盘一百张以上，录音、录像带一百盒以上的。（二）制作、传播宣扬邪教的DVD、VCD、CD光盘的。（三）利用互联网制作、传播邪教组织信息的。（四）在公共场所悬挂横幅、条幅，或者以书写、喷涂标语等方式宣扬邪教，造成严重社会影响的。（五）因制作、传播邪教宣传品受过刑事处罚或者行政处罚又制作、传播的。（六）其他制作、传播邪教宣传品，情节严重的。三、利用迷信破坏国家法律、行政法规实施。这里的利用迷信，是指利用占卜、算命、看阴阳风水、做道场等形式，散布迷信谣言，制造混乱，蛊惑群众。《解释（二）》第五条规定：邪教组织被取缔后，仍聚集滋事、公开进行邪教活动，或者聚众冲击国家机关、新闻机构等单位，人数达到二十人以上的，或者并未达到二十人，但具有其他严重情节的，对于组织者、策划者、指挥者和屡教不改的积极参加者，以本罪论处。《解释（二）》第六条规定：为组织、筹划邪教组织人员聚集滋事、公开进行邪教活动而进行聚会、串联等活动，对于组织者、策划者、指挥者和屡教不改的积极参加者，以本罪论处。组织、利用会道门、邪教组织、利用迷信破坏法律实施罪的责任形式是故意。这里的故意，是指明知是组织、利用会道门、邪教组织、利用迷信破坏法律实施的行为而有意实施的主观心理状态。

本案中，被告人刘某、彭某、何甲公开进行“三赎基督”邪教宣传活动，威胁、诱骗群众入教，发展教徒，属于“已经被有关部门取缔，继续进行邪教活动”情形，依照《刑法》和司法解释规定已经构成本罪，应当追究刑事责任。

81. 盗掘尸体“配阴婚”，犯了什么法？[①]

跟您说个事儿

被告人王华（化名）56岁、白梅（化名）37岁，都是靖边县新城乡韩家沟村委前芦坪村小组农民。2007年10月的一天，王华和白梅聊天时，白梅说她五爷爷打了一辈子光棍，坟里没有女尸骨，让王华把其大嫂的尸骨卖给她，他们谈好的价钱是5 500元。几天后的一个夜里，王华和妻子杨某叫上白梅和丈夫李某，拿着铁锨和锄头将王华大嫂的尸骨挖出来后藏到李家。2009年四五月份，王华和李某补签了一份卖女尸骨的协议。白梅供述，2007年8月份，王华欠她家5 500元，当时王华知道她家要买女尸骨，就把他大嫂的尸骨算成5 500元，把欠账顶了。王华的大哥王荣（化名）称，他和前妻武某于1969年农历正月初四结婚，1970年农历七月初九前妻因难产死亡，时年20岁。2007年农历10月26日，他发现前妻的尸骨不见了，最后他了解到尸骨是被弟弟王华偷走后卖给了李某。

2010年2月26日，王华、白梅因涉嫌犯盗窃尸体罪被靖边县公安局刑拘，同年4月1日经靖边县检察院批准被依法逮捕。而杨某、李某二人在逃。靖边法院作出判决，被告人王华、白梅因盗窃尸体罪分别被判处有期徒刑2年和18个月。

为您说说法

《刑法》第三百零二条：盗窃、侮辱尸体的，处三年以下有期徒刑、拘役或者管制。

---

① 案件来源 搜狐新闻，http：//news. sohu. com/20100809/n274084732. shtml。

给您提个醒儿

盗窃、侮辱尸体罪是选择性罪名。盗窃尸体罪，是指秘密窃取尸体，置于自己实际支配之下的行为。侮辱尸体罪，是指以暴露、猥亵、毁损、涂划、践踏等方式损害尸体的尊严或者伤害有关人员感情的行为。本罪侵犯的客体是社会公共秩序。客观方面表现为盗窃、侮辱尸体的行为。盗窃指用秘密的方法窃取，如从坟墓中、停尸间，或从其他任何停放尸体的地方秘密窃取尸体。尸体，是指已经死亡的人的身体的全部或者一部分。盗窃尸体的一部分，也可能成立本罪。侮辱尸体的行为方式多种多样，如奸淫、肢解、鞭打、焚烧、毁损、遗弃等。犯罪主体为一般主体。主观方面是故意的。在本案中，几名被告人出于迷信，为了所谓“配阴婚”而盗窃他人尸体，侵害了社会风尚和公共秩序，有辱死者尊严并伤害死者亲属感情，人民法院以盗窃尸体罪定罪处罚，是完全合理的。

82. 赌乃万恶源，私彩不能沾[①]

跟您说个事儿

被告人黄某，女，1965 年 3 月 4 日出生，湖南省武冈市邓家铺镇石桥村某组农民。

被告人黄某自 2008 年在自己家中收取香港地下“六合彩”第 5、6、55、63、121、122、125、134、136、138、139、140、141期码单，金额 4 500余元，收单后被告人黄某与戴某（批捕在逃）联系，戴某联系深圳市的庄家，将钱汇给庄家，黄某、戴某按收单金额从中抽取 10% 的利润。其间，附近村民数十人在其手中购买了码单。被告人黄某以营利为目的，利用地下“六合彩”组织、招引他人赌博，收受投注 10 期以上，其行为构成赌博罪。案发后被告人认罪态度较好，酌情对其从轻处罚。被告人黄某犯赌博罪，判处拘役 4 个月，并处罚金 1 000 元。

① 案件来源　法律咨询网，http：//www. 110. com/panli/panli_221763. html。

为您说说法

《刑法》第三百零三条：以营利为目的，聚众赌博或者以赌博为业的，处三年以下有期徒刑、拘役或者管制，并处罚金。

开设赌场的，处三年以下有期徒刑、拘役或者管制，并处罚金；情节严重的，处三年以上十年以下有期徒刑，并处罚金。

《最高人民检察院、公安部关于公安机关管辖的刑事案件立案追诉标准的规定（一）》（2008 年6 月25 日）第四十三条［赌博案（《刑法》第三百零三条第一款）］规定，以营利为目的，聚众赌博，涉嫌下列情形之一的，应予立案追诉：

（一）组织三人以上赌博，抽头渔利数额累计五千元以上的；

（二）组织三人以上赌博，赌资数额累计五万元以上的；

（三）组织三人以上赌博，参赌人数累计二十人以上的；

（四）组织中华人民共和国公民十人以上赴境外赌博，从中收取回扣、介绍费的；

（五）其他聚众赌博应予追究刑事责任的情形。

以营利为目的，以赌博为业的，应予立案追诉。

赌博犯罪中用作赌注的款物、换取筹码的款物和通过赌博赢取的款物属于赌资。通过计算机网络实施赌博犯罪的，赌资数额可以按照在计算机网络上投注或者赢取的点数乘以每一点实际代表的金额认定。

给您提个醒儿

赌博罪，是指以营利为目的，聚众赌博或者以赌博为业的行为。本罪侵犯的客体是社会风尚和社会管理秩序。本罪的客观方面，表现为行为人实施了赌博行为。所谓赌博，是指以下行为之一：①为了营利而聚众赌博，即组织、吸引他人参加赌博，行为人从中抽头渔利。行为人并不必须亲自参与赌博。②以赌博为业，即以赌博所得为主要生活来源或挥霍来源。实施以上两种行为之一，即可构成本罪。本罪主体为一般主体。本罪的主观方面为故意，并且行为人具有营利的目的。根据 2005 年“两高”《关于办理赌博刑事案件具体应用法律若干问题的解释》的规定，对于不以营利为目的，进行带有少量财物输赢的娱乐活动，以及提供棋牌室等娱乐场所只收取正常的场所和服务费用的经营行为等，不以赌博论处。

本案中，被告人黄某利用地下“六合彩”组织、招引他人赌博，收受投注10期以上，其行为已经构成赌博罪。随着农村经济的进一步发展和农民群众生活水平的逐步提升，加强农村精神文明建设不仅不能放松，而且还需要进一步加强。乡、村两级党组织必须给予高度重视，反之就会出现打架斗殴、聚众赌博等违法违纪问题。地下“六合彩”的高额赔率使人们梦想自己能一夜暴富，把希望押在买“六合彩”上，丧失了应有的理智，也导致其他恶性犯罪屡禁不止，甚至一些人为此家破人亡。广大农民朋友对地下“六合彩”的危害性认识还不够深入。赌乃万恶之源，地下“六合彩”不仅不能发家致富，实质上是害人不浅，不但不要去碰它，而且应该配合政府去取缔它。

83. 帮助罪犯逃走，犯了什么罪？①

跟您说个事儿

2004年5月的某一天，河南省太康县刚刚20岁出头的武甲与武乙两兄弟，来到北京市昌平区南口镇他们曾工作过的某加油站，在翻墙入院并钻窗入室，蒙面欲实施抢劫时，被借住在加油站营业厅的李某发现，武甲、武乙遂用尖刀刺死李某，后逃匿。武氏兄弟的父母得知此事后，非但未规劝两子投案自首，反而通过电话为两人指引逃跑路线、提供款物及逃匿地点、联系方式等，帮助两兄弟逃匿，在侦查机关询问时，又有意作虚假陈述予以包庇。北京市第一中级人民法院就此作出一审判决，武甲、武乙兄弟二人在使用暴力手段劫取他人财物过程中致人死亡，其行为均已构成抢劫罪；其父母的行为则已构成窝藏、包庇罪，且情节严重。兄弟二人被依法判处死刑，其父母则因窝藏、包庇罪，分别被判处有期徒刑4年和3年。

为您说说法

《刑法》第三百一十条：明知是犯罪的人而为其提供隐藏处所、财

① 案件来源 南海网，http：//www. hinews. cn/news/system/2005/02/22/000030839. shtml。

物，帮助其逃匿或者作假证明包庇的，处三年以下有期徒刑、拘役或者管制；情节严重的，处三年以上十年以下有期徒刑。

犯前款罪，事前通谋的，以共同犯罪论处。

给您提个醒儿

窝藏、包庇罪是指明知是犯罪的人而为其提供隐藏处所、财物，帮助其逃匿或者作假证明包庇的行为。窝藏、包庇罪，实际上是两个罪名，即窝藏罪和包庇罪。所谓窝藏罪，是指明知是犯罪的人而为其提供隐藏处所、财物，帮助其逃匿的行为。包庇罪则是指明知是犯罪的人而作假证明予以包庇的行为。关于本罪的客体，是司法机关的刑事追诉和刑罚执行活动的正常进行。本罪在客观方面表现为，实施了窝藏、包庇犯罪人的行为。窝藏，是指明知是犯罪的人而为其提供隐藏处所，或者为其提供钱财，帮助其逃匿，如将犯罪人藏于家中、山上、地洞或者地窟等处，使其难以被司法机关发觉；为犯罪人提供钱财、衣物、食物、交通工具或者其他物品等，以帮助其逃匿。包庇，是指明知是犯罪的人而作假证明予以包庇的行为。本罪的主体是一般主体，即达到16周岁以上，具有刑事责任能力的自然人。本罪在主观方面是直接故意，即明知是犯罪的人而予以窝藏、包庇，会发生妨害司法机关正常的刑事追诉和刑罚执行活动的危害结果，而希望该危害结果发生，目的是使其逃避法律制裁，而不论行为人的动机如何。

本案中，武甲、武乙兄弟二人实施抢劫犯罪，其父母非但不规劝两个儿子投案自首，反而窝藏、包庇，最后一家人全进了班房。

84. 窝赃、销赃，犯了什么罪？[①]

跟您说个事儿

被告人王某，36岁，江油市三合镇柏盖村农民。

王某因家附近有江油市某公司物资管理部仓储生产区废料场，于是靠

① 案件来源 《家庭生活报》，http://homelife.scol.com.cn/2008/09/23/131225042.html。

山吃山从事废旧物品收购。在废料场工作的职工中，有许多就是柏盖村农民或租房住在柏盖村的职工。在2007年9月、12月两个月内，废料场职工谢某、张某等18人利用工作之便监守自盗，先后4次勾结保安，将储存在废料场，价值38 876元的废不锈钢、黄铜、铅板、电机以及线圈盗出。王某明知谢某、张某等人出售的物资是盗窃废料场所得，但仍以获利为目的，全部予以收购。2008年5月20日，涉嫌隐瞒犯罪所得、犯罪所得收益罪，王某被依法逮捕。江油市人民法院审理后认为，王某明知谢某、张某等人的物资是盗窃所得却仍予以收购并销售牟利，其行为已构成掩饰、隐瞒犯罪所得罪，判处有期徒刑1年，缓刑18个月，并处罚金1万元。

为您说说法

《刑法》第三百一十二条：明知是犯罪所得及其产生的收益而予以窝藏、转移、收购、代为销售或者以其他方法掩饰、隐瞒的，处三年以下有期徒刑、拘役或者管制，并处或者单处罚金；情节严重的，处三年以上七年以下有期徒刑，并处罚金。

单位犯前款罪的，对单位判处罚金，并对其直接负责的主管人员和其他直接责任人员，依照前款的规定处罚。

给您提个醒儿

掩饰、隐瞒犯罪所得、犯罪所得收益罪，是指行为人明知是犯罪所得及其产生的收益而予以窝藏、转移、收购、代为销售或者以其他方法掩饰、隐瞒的行为。本罪的客体应当是司法机关正常查明犯罪，追缴犯罪所得及收益的活动。本罪的客观方面，表现为行为人实施了窝藏、转移、收购、销售或者以其他方法掩饰、隐瞒犯罪所得及其产生的收益的行为。窝藏，指行为人为犯罪分子藏匿赃物；转移，是指行为人把犯罪分子犯罪所得赃物由甲地运往乙地，由乙地运往丙地等；收购，是指行为人购买犯罪分子犯罪所得的赃物；代为销售，是指行为人代为犯罪分子将犯罪所得的赃物卖出。以其他方法掩饰、隐瞒，是指采用窝藏、转移、收购、代为销售以外的方法掩盖犯罪所得及其收益的性质的行为。本罪属选择性罪名，只要行为人实施了上述五种行为之一，便足以成立本罪。本罪的主体为一般主体，包括自然人和单位。本罪的主观方面为故意，即必须是行为人明知是犯罪所得及其产生的收益而予以窝藏、转移、收购、代为销售或者以其他方法掩饰、隐瞒，否则，不构成本罪。

本案中，被告人王某明知谢某、张某等人出售的物资是盗窃所得，仍以获利为目的予以收购，其行为已经构成掩饰、隐瞒犯罪所得罪。

85. 故意损毁名胜古迹，《刑法》是怎么规定的？[①]

跟您说个事儿

2005年1月15日，福建省连江县安凯乡某村村民刘某、赵某、王某从外地回老家过年，到乡里一看，在外地搞得火热的商品房买卖，乡里乡亲却无人问津，3人一合计，计划在某村建一幢商品房，准备大赚一笔。次日上午，3人即向连江县安凯乡信用社分别贷款20 000元人民币，作为开发房地产的启动资金。几日后，用地审批书也下来了。然而，他们到用地现场一看，心中凉了半截。原来地皮正前方有一座长达3 000米的古城墙，平日里村民们要下海作业，均要花近20分钟的路程绕过该城墙。赵某与两位合伙人说，这堵墙挡在前头，岂不是断了我们的财路。2月3日晚8时许，刘某等3人未经文物、土地、建设等有关部门的审批，便雇人用挖掘机在泗洲庙开始挖古城墙，自己则在现场指挥。一位晚归路过此处的村民看不下去了，便跑到村主任家中告知，村主任迅速召集几名村委会干部赶往现场制止，此时城墙已被挖毁13.5米。被劝阻回家的刘某等3人依旧不死心。第二天上午，3人又约定在赵某家碰头，心眼灵活的王某心生一计：不是不让我们挖吗？我们不出面。随后，赵某电话联系熟识挖掘业务的村民林某、郑某、陈某到现场指挥挖掘，并答应工钱为1 000元。2月4日晚10时，林、郑、陈3人便指挥挖掘机将某村泗洲庙至车站“鲤鱼嘴”段长度达106米的古城墙全数挖毁。当夜，接到村民报案后，连江警方将此6人抓捕归案。经专家鉴定，该城墙名为奇达堡，系明崇祯年间乡人为防海寇入侵绕村而建，清乾隆年间重修，至今已近400多年历史。城墙全长3 000米，现存东、南、西3个城门及部分城墙，该城墙在

① 案件来源 新浪新闻，http：//news. sina. com. cn/o/2005-11-16/01177448164s. shtml。

该省民间所修的海防城墙中较为少见，是我国古代海防重要建筑之一，具有一定的文物价值，是一处省级名胜古迹。2005 年 11 月 14 日，连江县法院一审以故意损毁名胜古迹罪，对 3 名生意人及 3 名被雇人员定罪处刑。

为您说说法

《刑法》第三百二十四条第二款：故意损毁国家保护的名胜古迹，情节严重的，处五年以下有期徒刑或者拘役，并处或者单处罚金。

《最高人民检察院、公安部关于公安机关管辖的刑事案件立案追诉标准的规定（一）》（2008 年 6 月 25 日）第四十七条［故意损毁名胜古迹案（《刑法》第三百二十四条第二款）］规定，故意损毁国家保护的名胜古迹，涉嫌下列情形之一的，应予立案追诉：

（一）造成国家保护的名胜古迹严重损毁的；

（二）损毁国家保护的名胜古迹三次以上或者三处以上，尚未造成严重损毁后果的；

（三）损毁手段特别恶劣的；

（四）其他情节严重的情形。

给您提个醒儿

故意损毁名胜古迹罪，是指违反文物保护法规，明知是国家保护的名胜古迹而予以损毁，情节严重的行为。本罪所侵害的客体是国家有关名胜古迹的管理秩序，对象则为国家保护的名胜古迹。所谓名胜古迹，包括风景名胜及文物古迹。其中，风景名胜，是指具有观赏、文化或科学价值，自然景物、人文景物比较集中，环境优雅、具有一定规模和范围，可供人们游览、休息或进行科学文化活动的地区。根据其观赏、文化或科学价值的大小，环境质量的高低，规模大小，游览条件的优劣等，风景名胜可分为国家重点、省级和市县级三级风景名胜区。所谓文物古迹，是指与名人事迹、历史大事有关而值得后人登临凭吊的胜地、建筑物以及文物保护单位。文物保护单位，根据其历史、艺术、科学价值，可分为国家重点文物保护单位，省、自治区、直辖市级文物保护单位及县、自治区、市级文物保护单位。属于本罪对象的名胜古迹，应是国家保护的名胜古迹，其范围宜控制在国家重点与省级两级内，县、市级的名胜古迹，一般不能构成本罪的对象。本罪在客观方面表现为故意损毁国家保护的名胜古迹，情节严重的行为。所谓损毁，是指损坏和毁灭。具体方式多种多样，如捣毁、砸碎、拆除、污损、挖掘、刻划、焚烧、炸毁等。一般表现为积极的作为方式，如损毁景物、建筑物；破坏园林植物；在名胜古迹区盖违章建筑，拒绝拆除等。损毁国家保护的名胜古迹的行为必须达到情节严重。至于情节严重的标准，参看《最高人民检察院、公安部关于公安机关管辖的刑事案件立案追诉标准的规定（一）》第四十七条的规定。本罪主体是一般主体，凡年满16周岁且具备刑事责任能力的自然人均能构成本罪。本罪在主观方面表现为直接故意，即明知是国家保护的名胜古迹而加以损毁。

本案中，几名被告人为了开发商品房，将作为省级名胜古迹的120米古城墙挖毁，造成了不可估量的损失，犯罪情节严重，应当以本罪追究刑事责任。至于被雇佣的3人，虽然是为了1 000元工钱而去挖古城墙，其主观上对自己挖掘的是古城墙也是明知的，构成了本罪的共犯，应当以本罪论处。

86. 非法卖血，害人害己[①]

跟您说个事儿

张某、段某都是外省来沪打工的农民。2004年12月，他们无意中听人说起自己所居住的村委会的献血指标每年都很难完成，而每献血一次就可得到各种名目的营养费、休息费等近1 200元，就动起了坏脑筋：若能找一些老乡一起去献血，岂不比打工挣钱快得多？经过一番谋划，张某和段某联系了22个民工和4个村委会，并与他们达成了协议，由村委会负责补办暂住证以使他们拥有献血资格，22个农民工再加上他们两人按国家规定献血以帮助村委会完成任务，献血所得的营养费等补助由村委会交给他们两人分发。但在随后的体检中发现，他们24人中只有20人身体合格可以采血（段某也被体检为不合格），于是20位民工在两人的周密安排下，于2004年12月14日分别顶替4个村委会

① 案件来源 中国法院网，http：//www.chinacourt.org/public/detail.php？id=161118。

参加了献血活动，共献血7 800毫升，两人领到血资2.19万余元，分发后，张某和段某共获利1.2万余元。当日下午，他们因被知情人举报而案发。上海市青浦区法院经过审理后认为，两被告共同组织他人出卖血液，其行为已构成非法组织卖血罪，最后，法院依照二人各自犯罪情节，判处段某有期徒刑10个月，并处罚金3 000元，判处张某有期徒刑18个月，并处罚金5 000元。

为您说说法

《刑法》第三百三十三条：非法组织他人出卖血液的，处五年以下有期徒刑，并处罚金；以暴力、威胁方法强迫他人出卖血液的，处五年以上十年以下有期徒刑，并处罚金。

有前款行为，对他人造成伤害的，依照本法第二百三十四条的规定定罪处罚。

《最高人民检察院、公安部关于公安机关管辖的刑事案件立案追诉标准的规定（一）》（2008年6月25日）第五十二条［非法组织卖血案（《刑法》第三百三十三条第一款）］规定，非法组织他人出卖血液，涉嫌下列情形之一的，应予立案追诉：

（一）组织卖血三人次以上的；

（二）组织卖血非法获利二千元以上的；

（三）组织未成年人卖血的；

（四）被组织卖血的人的血液含有艾滋病病毒、乙型肝炎病毒、丙型肝炎病毒、梅毒螺旋体等病原微生物的；

（五）其他非法组织卖血应予追究刑事责任的情形。

给您提个醒儿

非法组织卖血罪，是指违反国家有关规定，组织他人出卖血液的行为。本罪侵犯的客体是国家血液管理制度，同时也对公共卫生造成妨害。为加强采供血机构和血源管理，保证血液质量，维护社会公共卫生安全，我国颁布了一系列的法规规章来建立我国的血液管理制度。只有献血办公室和采供血机构才有资格在其被许可的项目范围内组织他人出卖血液，开展采供血业务。除献血办公室或设立的市级以上卫生行政部门指定的血站以外的任何单位和个人，都不得组织血源供血。否则，即违反了血源和采供血管理的有关规定，侵犯了国家血液管理制度。同时该非法采集的血液流向社会后，即对公共卫生造成严重的妨害。本罪在客观方面表现为非法组织他人出卖血液的行为。本罪客观特征集中表现为行为人将血液视为“商品”而组织他人加以出卖。“非法”是指违反我国献血法规定的无偿献血制度。非法组织他人出卖血液的行为，具体说来，是行为人在组织他人卖血过程中实施了策划、指挥、领导的行为。在实践中，这种行为一般表现为动员、拉拢、联络、串联、制订计划、下达命令、分配任务、出谋划策等形式。本罪的主体要件是一般主体，任何达到刑事责任年龄且具备刑事责任能力的自然人均能构成本罪。本罪在主观方面只能由故意构成，过失不构成本罪。至于本罪是否以牟利为目的，本条未作规定，一般而言，非法组织他人出卖血液的行为多以牟利为目的，但并不以此目的为构成要件。

本案中，被告人张某、段某联系22名老乡献血，帮村委会完成任务，并从所得到的“营养费”中抽头1万多元，已经构成了非法组织卖血罪。

87. 强迫卖血缺德，蹲了班房活该

跟您说个事儿

2008年8月30日，被告人高某、李某伙同潘某等人在武威市凉州区大众市场附近胁迫被害人高某、院某、付某到凉州区武南单采血浆站卖血，将他们卖血所得营养费人民币260元据为己有。同年9月10日早7时许，潘某在凉州区高坝中学附近先后拦截7名中学生，而后又伙同高某等人强迫这些学生到武南单采血浆站卖血，后将体检合格的4名学生卖血所得营养费520元据为己有。同年10月29日12时许，被告人高某、李某、祁某、周某从大十字一网吧胁迫4名被害人前往武南单采血浆站卖血，将所得营养费390元据为己有。另查明被告人李某于2008年8月8日因抢劫罪被法院判处有期徒刑1年6个月，宣告缓刑2年，缓刑考验期从2008年8月29日至2010年8月28日止。法院认为，被告人高某、李某、祁某、周某以胁迫的方法强

迫他人卖血，其行为均已构成强迫卖血罪，依照《刑法》规定，判决被告人高某有期徒刑 6 年，并处罚金人民币 1 000 元。被告人李某判处有期徒刑 5 年，并处罚金 1 000 元，加上原判缓刑未执行刑罚 1 年 6 个月，罚金 1 000 元，总和刑期有期徒刑 6 年 6 个月，决定执行有期徒刑 6 年，并处罚金人民币 2 000 元。被告人祁某判处有期徒刑 4 年，并处罚金人民币 1 000 元。被告人周某判处有期徒刑 4 年，并处罚金人民币 1 000 元。

为您说说法

《刑法》第三百三十三条：非法组织他人出卖血液的，处五年以下有期徒刑，并处罚金；以暴力、威胁方法强迫他人出卖血液的，处五年以上十年以下有期徒刑，并处罚金。

有前款行为，对他人造成伤害的，依照本法第二百三十四条的规定定罪处罚。

《最高人民检察院、公安部关于公安机关管辖的刑事案件立案追诉标准的规定（一）》（2008 年 6 月 25 日）第五十三条［强迫卖血案（《刑法》第三百三十三条第一款）］规定，以暴力、威胁方法强迫他人出卖血液的，应予立案追诉。

给您提个醒儿

强迫卖血罪，是指以暴力、威胁方法强迫他人出卖血液的行为。本罪侵犯的是复杂客体，其主要客体是国家对血液的管理制度，次要客体是公共卫生以及被强迫人的人身权利。本罪首先直接侵犯了国家对血液的管理制度。输血工作是卫生事业的重要组成部分，必须坚持以社会效益为准则，绝不允许把血液作为商品进行倒买倒卖，从中牟利。《中华人民共和国献血法》明确规定：我国实行无偿献血制度，以暴力、威胁方法强迫他人出卖血液，即是对上述制度的直接违反和破坏。本罪还直接侵犯公共卫生。血液是一种特殊的宝贵资源。对这种直接进入人体的特殊物质，质量标准必须统一，没有地区或级别差异。以暴力、威胁方法强迫他人出卖血液，由于把血液视作商品进行买卖，必然降低血液的质量标准，甚至想方设法逃避血液管理与监督，从而危及不特定或多数用血者的健康、生命安全。本罪还直接侵犯了被强迫人的人身权利。以暴力、威胁方法强迫他人出卖血液，必然会侵犯他人的健康权利、人身自由权利以及其他人身权利。本罪在客观方面表现为以暴力、威胁方法强迫他人出卖血液的行为，暴力是指对他人人身进行打击或实施强制，如殴打、捆绑等，威胁是指以杀害、伤害、毁坏财产、破坏名誉等手段进行要挟，迫使他人接受自己的意志，从而实施卖血行为。本罪的主体要件为一般主体，任何达到刑事责任年龄且具备刑事责任能力的自然人均能构成本罪。本罪在主观方面表现为直接故意，间接故意和过失不构成本罪。虽然本罪多以牟利为犯罪目的，但是不以此为构成要件。

本案中，被告人高某、李某、祁某、周某以胁迫的方法强迫他人卖血，其行为均已构成强迫卖血罪，不仅侵害了国家对血液的管理秩序，也侵害了被害人的身体健康，应当以强迫卖血罪追究其刑事责任。

88. 接生婆是谁都能当的吗？[①]

跟您说个事儿

2004年1月4日8时许，家住沈阳市和平区长白乡某屯的产妇张某突然肚子剧烈疼痛，丈夫见状手足无措，赶紧给“接生婆”王某打去电话，让王某赶紧过去帮忙。到了张某家，王某看到张某要生了，而且是第一胎，便说：“你赶紧去医院吧，我怕应付不过来。”但张某丈夫说：“来不及了，能在家生就在家生，你就给接生一下吧！”就在双方对话时，张某的羊水破了。见此情景，张某丈夫再次求王某赶紧接生。事情到了这个地步，王某也不好意思推托，随后开始忙活。当孩子的头出来以后，她就开始往外拽。整个接生过程，王某还给张某用了止血药和防止子宫收缩的药。可是当胎儿生出来以后，张某开始大出血。王某此时害怕了，赶紧拨打120。随后，张某被送到中国医科大学附属第二医院。为了产妇的安全，医生把张某的子宫切除了。随即，王某被警方控制起来。2005年5月10日，和平区人民法院对此案进行了开庭审理。和平区人民检察院指控被告人王某在未取得医生执业资格的情况下，为被害人张某接生，造成

① 案件来源 网易新闻，http：//news.163.com/05/0517/10/1JUQKS260001122B.html。

被害人子宫切除，并经市法院鉴定为伤残程度七级。公诉机关认为，被告人王某的行为已触犯《刑法》有关规定，应以非法行医罪处罚。在法庭上，王某供述说，她是安徽来沈的打工人员，一个安徽老乡生孩子时，她帮忙剪过脐带。这次张某的丈夫之所以找到她，也是因为听王某老乡说王某接生的手法不错，才求到她的，自己也没好拒绝。法院经审理认为，被告人王某在未取得医生执业资格的情况下非法行医，并严重损害就诊人身体健康，其行为已构成非法行医罪。被告人王某认罪态度较好，积极赔偿被害人的经济损失，有悔罪表现，可酌情从轻处罚。依法判决被告人王某犯非法行医罪，判处其有期徒刑 3 年，缓刑 5 年，并处罚金人民币 5 000 元，并赔偿张某经济损失 4.55 万元人民币。

为您说说法

《刑法》第三百三十六条第一款：未取得医生执业资格的人非法行医，情节严重的，处三年以下有期徒刑、拘役或者管制，并处或者单处罚金；严重损害就诊人身体健康的，处三年以上十年以下有期徒刑，并处罚金；造成就诊人死亡的，处十年以上有期徒刑，并处罚金。

《最高人民检察院、公安部关于公安机关管辖的刑事案件立案追诉标准的规定（一）》（2008 年 6 月 25 日）第五十七条［非法行医案（《刑法》第三百三十六条第一款）］规定，未取得医生执业资格的人非法行医，涉嫌下列情形之一的，应予立案追诉：

（一）造成就诊人轻度残疾、器官组织损伤导致一般功能障碍，或者中度以上残疾、器官组织损伤导致严重功能障碍，或者死亡的；

（二）造成甲类传染病传播、流行或者有传播、流行危险的；

（三）使用假药、劣药或不符合国家规定标准的卫生材料、医疗器械，足以严重危害人体健康的；

（四）非法行医被卫生行政部门行政处罚两次以后，再次非法行医的；

（五）其他情节严重的情形。

具有下列情形之一的，属于本条规定的“未取得医生执业资格的人非法行医”：

（一）未取得或者以非法手段取得医师资格从事医疗活动的；

（二）个人未取得《医疗机构执业许可证》开办医疗机构的；

（三）被依法吊销医师执业证书期间从事医疗活动的；

（四）未取得乡村医生执业证书，从事乡村医疗活动的；

（五）家庭接生员实施家庭接生以外的医疗活动的。

本条规定的“轻度残疾、器官组织损伤导致一般功能障碍”、“中度以上残疾、器官组织损伤导致严重功能障碍”，参照卫生部《医疗事故分级标准（试行）》认定。

给您提个醒儿

非法行医罪，是指未取得医生执业资格的人擅自从事医疗活动，情节严重的行为。非法行医罪所侵犯的客体是国家对医疗机构的管理制度及公众的生命健康安全。非法行医不仅扰乱了业已建立的良好的医疗卫生管理秩序，而且往往由于非法行医者不具备执业的基本条件，医疗服务质量差，同时也侵犯了就诊人的身体健康和生命安全。非法行医的客观方面行为表现为：首先，必须有擅自从事医疗活动的行为。医疗活动主要是指诊断和治疗，即通过各种检查对疾病作出诊断，借用药物、器械和手术等方法消除疾病、缓解病情、减轻痛苦、延长生命、改善病理或生理状况的活动。擅自从事医疗活动主要有以下几种表现形式：（1）利用巫术、封建迷信行医。行为人大多不懂医术，有些略微懂一点医学常识，主要是凭烧香、念经、看手相以及各种封建迷信方式愚弄就诊人。（2）利用气功行医。气功对某些疾病有一定的疗效，但有些人根本不懂气功，却号称自己的气功如何了得，挂牌行医，骗取钱财。（3）利用现代仪器进行非法医疗活动。如利用电脑为人诊断病情，开具处方。（4）非医疗机构超越服务范围进行医疗活动。如一些不具备外科整形手术资格的美容医院，擅自开展医学整容活动。（5）具备一定医学知识的人擅自开办诊所，进行医疗活动。这类人员一般经过一定的医疗培训，有些已经行医多年，有些甚至曾经在合法的医疗机构依法进行过医疗活动，但在其擅自开办诊所期间没有医师执业证或其所开办的诊所没有“医疗机构执业许可证”。（6）利用非法行医的手段推销产品。如有些厂家雇佣没有医师执业证的人在公共场合以医生的身份向人介绍产品，并为人诊断病情，开具处方，推荐患者使用该厂家的产品。其次，擅自从事医疗活动的行为，须达到“情节严重”的程度。“情节严重”的标准，参看《最高人民检察院、公安部关于公安机关管辖的刑事案件立案追诉标准的规定（一）》第五十七条之规定。本罪的主体是未取得医生执业资格的人，主观方面表现为故意。

本案中，被告人王某既无专业背景，也无执业资格，擅自为他人接生，严重损害就诊人身体健康，应以非法行医罪追究其刑事责任。

89. 生男生女都一样，非法节育为哪般[①]

跟您说个事儿

安徽省阜阳市太和县倪邱镇的蒿某没有医生执业资格，在倪邱镇一乡村卫生室协助工作。2010 年 5 月，蒿某擅自为该县五星镇一张姓孕妇，政策内怀孕二胎进行了非医学需要的胎儿性别鉴定，经 B 超机检查，发现张某二胎性别为女性。其后，蒿某应张某及家人的流产请求，在村卫生室为该孕妇进行了非医学需要的选择终止妊娠手术，并收取孕妇家人支付的 1 000 元费用。案发后，蒿某投案自首，并上缴超声波 B 超检查机一台。太和县人民法院以非法进行节育手术罪，宣告判处蒿某有期徒刑 6 个月，并处罚金 5 000 元。宣判后，被告人蒿某表示认罪服判不上诉。

为您说说法

《刑法》第三百三十六条第二款：未取得医生执业资格的人擅自为他人进行节育复通手术、假节育手术、终止妊娠手术或者摘取宫内节育器，情节严重的，处三年以下有期徒刑、拘役或者管制，并处或者单处罚金；严重损害就诊人身体健康的，处三年以上十年以下有期徒刑，并处罚金；造成就诊人死亡的，处十年以上有期徒刑，并处罚金。

《最高人民检察院、公安部关于公安机关管辖的刑事案件立案追诉标准的规定（一）》（2008 年 6 月 25 日）第五十八条［非法进行节育手术案（《刑法》第三百三十六条第二款）］规定，未取得医生执业资格的人擅自为他人进行节育复通手术、假节育手术、终止妊娠手术或者摘取宫内节育器，涉嫌下列情形之一的，应予立案追诉：

（一）造成就诊人轻伤、重伤、死亡或者感染艾滋病、病毒性肝炎等难以治愈的疾病的；

---

① 案件来源 阜阳新闻网，http://www.fynews.net/www/default/fysh/webinfo/2011/06/23/130873149428 2930.htm。

（二）非法进行节育复通手术、假节育手术、终止妊娠手术或者摘取宫内节育器五人次以上的；

（三）致使他人超计划生育的；

（四）非法进行选择性别的终止妊娠手术的；

（五）非法获利累计五千元以上的；

（六）其他情节严重的情形。

给您提个醒儿

非法进行节育手术罪，是指未取得医生执业资格的人擅自为他人进行节育复通手术、假节育手术、终止妊娠手术或者摘取宫内节育器，情节严重的行为。本罪侵犯的是复杂客体，其主要客体是国家的计划生育政策和制度，次要客体是公共卫生。本罪在客观方面表现为擅自为他人进行节育复通手术、假节育手术、终止妊娠手术或者摘取宫内节育器，情节严重的行为。“情节严重”的具体标准，参看《最高人民检察院、公安部关于公安机关管辖的刑事案件立案追诉标准的规定（一）》第五十八条之规定。本罪主体为一般主体，但必须是未取得医生执业资格的人。本罪在主观方面表现为故意，即行为人明知自己无权为他人实施计划生育手术，但为了牟取不法利益或者基于其他考虑实施该行为。

本案中，被告人蒿某没有医生执业资格，擅自为孕妇进行非医学需要的胎儿性别鉴定并进行终止妊娠手术，已经构成了非法进行节育手术罪。

90. 污染环境事关重大，非法排放必定受罚

跟您说个事儿

被告人石某承包经营佛山市三水区白坭镇的一家垃圾处理场，2009年1月，他与被告人李某协商后，同意帮李某处理产业废水，但每车要收费200元。随后，李某将从陶瓷厂收购的产业废水（属《国家危险废料目录》中含酚废料）通过石某的垃圾处理场排入东官员引水涌。2009年2月，李某又和被告人莫某等二人把含酚的产业废水通过白坭镇垃圾处理

场排入东官员引水涌，这次每车收费为300元。截至2009年3月24日，石某等7人共倾倒了约400吨含酚产业废水，这些非法倾倒的含酚产业废水像黑油一样，异味扑鼻。事故发生后，7名被告人分别于2009年7月至9月被抓获归案。当地法院经审理认为，被告人石某等7人向水体倾倒有毒物质，造成重大环境污染事故，其行为均已构成重大环境污染事故罪（编者注：《刑法修正案（八）》已将本罪名改为污染环境罪），判处有期徒刑10个月至2年不等，并处罚金人民币5 000元～10 000元不等。

为您说说法

《刑法》第三百三十八条：违反国家规定，排放、倾倒或者处置有放射性的废物、含传染病病原体的废物、有毒物质或者其他有害物质，严重污染环境的，处三年以下有期徒刑或者拘役，并处或者单处罚金；后果特别严重的，处三年以上七年以下有期徒刑，并处罚金。

给您提个醒儿

修改前的《刑法》第三百三十八条规定：违反国家规定，向土地、水体、大气排放、倾倒或者处置有放射性的废物、含传染病病原体的废物、有毒物质或者其他危险废物，造成重大环境污染事故，致使公私财产遭受重大损失或者人身伤亡的严重后果的，处三年以下有期徒刑或者拘役，并处或者单处罚金；后果特别严重的，处三年以上七年以下有期徒刑，并处罚金。《刑法修正案（八）》删去原先规定中“造成重大环境污染事故，致使公私财产遭受重大损失或者人身伤亡的严重后果的”这一犯罪构成条件，规定只要违反国家规定，排放、倾倒或者处置有放射性的废物、含传染病病原体的废物、有毒物质或者其他有害物质，严重污染环境的，就要追究刑事责任。这一修改大大降低了污染环境罪的定罪门槛，在很大程度上解决了环境犯罪因果关系认定上的困难。原先重大环境污染罪以结果定罪，往往要等到环境都被破坏完了才能定罪，现在改为行为定罪，有利于环境保护，也增强了定罪可操作性。

91. 野生动物要保护，非法猎捕须受罚

跟您说个事儿

被告人刁某，辽宁省大连市旅顺口区农民，2010年9月28日，刁某在旅顺口区铁山街道陈家村南山架设2张鸟网非法捕鸟。经鉴定，刁某猎捕、杀害的红角鸮、雀鹰共计20只，属于国家二级重点保护鸟类，其余的12只鸟类均为有益的或有重要经济、科研价值的陆生野生动物。2010年11月8日，经大连市旅顺口区人民检察院批准，刁某因涉嫌非法猎捕、杀害珍贵野生动物罪，由大连市森林公安局执行逮捕。2010年11月19日，大连市森林公安局对本案侦查终结，并以被告人刁某非法猎捕、杀害珍贵野生动物罪移送旅顺口区人民检察院。经当地法院审理，判处被告人刁某有期徒刑10年，并处罚金人民币2万元。

为您说说法

《刑法》第三百四十一条第一款：非法猎捕、杀害国家重点保护的珍贵、濒危野生动物的，或者非法收购、运输、出售国家重点保护的珍贵、濒危野生动物及其制品的，处五年以下有期徒刑或者拘役，并处罚金；情节严重的，处五年以上十年以下有期徒刑，并处罚金；情节特别严重的，处十年以上有期徒刑，并处罚金或者没收财产。

《最高人民检察院、公安部关于公安机关管辖的刑事案件立案追诉标准的规定（一）》（2008年6月25日）第六十四条［非法猎捕、杀害珍贵、濒危野生动物案（《刑法》第三百四十一条第一款）］规定，非法猎捕、杀害国家重点保护的珍贵、濒危野生动物的，应予立案追诉。

本条和本规定第六十五条规定的“珍贵、濒危野生动物”，包括列入《国家重点保护野生动物名录》的国家一、二级保护野生动物、列入《濒危野生动植物种国际贸易公约》附录一、附录二的野生动物以及驯养繁殖的上述物种。

给您提个醒儿

非法猎捕、杀害珍贵、濒危野生动物罪，是指猎捕、杀害国家重点保

护的珍贵、濒危野生动物的行为。本罪的犯罪对象限于国家重点保护的珍贵、濒危野生动物。2000 年 11 月 27 日公告、12 月 11 日起实施的《最高人民法院关于审理破坏野生动物资源刑事案件具体应用法律若干问题的解释》第 1 条规定，珍贵、濒危野生动物包括列入国家重点保护野生动物名录的国家一、二级保护野生动物、列入《濒危野生动植物种国际贸易公约》附录一、附录二的野生动物以及驯养繁殖的上述物种。本罪属于行为犯罪，只要行为人实施了猎捕或杀害珍贵、濒危野生动物的行为之一，便足以成立本罪。

本案中，被告人刁某实施了非法猎捕、杀害珍贵野生动物的行为，并且已经达到情节严重的程度，人民法院的定罪量刑是恰当的。

92. 打猎能随便打吗？[①]

跟您说个事儿

被告人孙某，男，51 岁，河南省新密市某镇农民。

麻雀因食庄稼，曾被列为“四害”之一被大量捕杀。如今，因其肉质鲜美，它又成为某些人的桌上餐。被告人孙某偶然发现一只野生麻雀能卖 5 毛钱，便起了围网猎捕野生麻雀的念头。2011 年 3 月 6 日，他在新密市袁庄乡靳沟村赵家坡老坟地张网猎捕野生麻雀时，被接到举报的郑州市森林公安局的民警当场控制，扣押所有工具及猎捕到的 127 只麻雀。经审讯，孙某对其猎捕麻雀的事实供认不讳。得知自己的行为涉嫌构成犯罪后，孙某随后协助民警将刚捕获的 127 只麻雀全部放飞。当天，孙某被公安机关以涉嫌非法狩猎罪刑事拘留。随后被取保候审。2011 年 6 月 7 日，经当地检察机关公诉，孙某被新密市人民法院以非法狩猎罪判处拘役 6 个月，缓刑 1 年。

① 案件来源 凤凰网，http://news.ifeng.com/society/1/detail_2011_06/10/6921989_0.shtml。

为您说说法

《刑法》第三百四十一条第二款：违反狩猎法规，在禁猎区、禁猎期或者使用禁用的工具、方法进行狩猎，破坏野生动物资源，情节严重的，处三年以下有期徒刑、拘役、管制或者罚金。

《最高人民检察院、公安部关于公安机关管辖的刑事案件立案追诉标准的规定（一）》（2008 年 6 月 25 日）第六十六条［非法狩猎案（《刑法》第三百四十一条第二款）］规定，违反狩猎法规，在禁猎区、禁猎期或者使用禁用的工具、方法进行狩猎，破坏野生动物资源，涉嫌下列情形之一的，应予立案追诉：

（一）非法狩猎野生动物二十只以上的；

（二）在禁猎区内使用禁用的工具或者禁用的方法狩猎的；

（三）在禁猎期内使用禁用的工具或者禁用的方法狩猎的；

（四）其他情节严重的情形。

给您提个醒儿

非法狩猎罪，是指违反狩猎法规，在禁猎区、禁猎期或者使用禁用的工具、方法进行狩猎，破坏野生动物资源，情节严重的行为。本罪侵犯的客体是国家保护野生动物资源的管理制度。非法狩猎罪的对象是指除珍贵、濒危的陆生野生动物和水生野生动物以外，有益的或者有重要经济、科学研究价值的陆生野生动物。本罪在客观方面表现为违反狩猎法规，在禁猎区、禁猎期或者使用禁用的工具、方法进行狩猎，破坏野生动物资源，情节严重的行为。所谓禁猎区，是指国家对适宜野生动物栖息繁殖或者野生动物资源贫乏和破坏比较严重的地区，如国家自然保护区、风景区、城镇、工矿区、革命圣地、名胜古迹等区域为保护野生动物而划定的禁止狩猎区域。所谓禁猎期，是指按法定程序规定，禁止进行狩猎活动的一定时间期限。一般是根据不同野生动物的繁殖及生长期（如肉食、皮毛成熟），而分别划定的禁止狩猎的期间。其目的在于保证野生动物能够拥有良好的繁殖环境，使其正常发展，保持并增加种群数量，供人们永续利用。禁猎期由县级以上人民政府或其野生动物行政主管部门按照自然规律规定。所谓禁用的工具，是指足以破坏野生动物资源，危害人畜安全以及破坏森林的工具。所谓禁用的方法，是指破坏、妨害野生动物正常繁殖和生长的方法，如投毒、爆炸、火攻、烟熏、掏窝、拣蛋、夜间照明行猎、歼灭性围攻等。非法狩猎行为必须是情节严重的行为，才能构成犯罪。情节严重的标准，参看《最高人民检察院、公安部关于公安机关管辖的刑事案件立案追诉标准的规定（一）》第六十六条的规定。本罪主体是一般主体，无论是专门从事狩猎的人员还是其他公民，只要达到刑事责任年龄、具备刑事责任能力的，都可以构成本罪。单位亦可构成本罪主体。本罪在主观方面表现为故意，即明知是在禁猎区、禁猎期或者使用禁止的工具、方法进行狩猎而故意为之。至于是为了营利或者其他目的，均不影响本罪的成立。

本案中，被告人孙某出于牟利目的，张网猎捕麻雀，数量较大，已经达到了“情节严重”的标准，应依法追究其刑事责任。考虑到其认罪态度较好，并能将猎捕到的麻雀放飞，法院依法作出了从轻处理。

93. 矿藏国家所有，私开滥采不该①

跟您说个事儿

2005 年 4 月至 2010 年 3 月，在巨额经济利益的驱使下，湖南省新邵县严塘镇某村谭某等村民未取得采矿许可证，多次在严塘镇某村黄栗山地段非法开采金矿，不仅造成国家矿产资源损失，还破坏了当地的生态环境，带来了严重的安全隐患。期间，该县国土资源局多次联合公安、安监、镇政府等部门到现场进行查处，并采用封洞填埋、设置警示标识、联合通告等方式对非法采矿点进行取缔，但 7 名被告无视法律尊严，采取夜间开采、布岗放哨、你来我走的游击方式肆意盗采矿产资源，给执法带来了一定难度。该县在掌握确凿证据后，于 2011 年 2 月委托省物勘院专家对谭某等人多次破坏的矿产资源进行了价值评估，并经省国土资源厅鉴定确认破坏矿产资源价值分别为 57.26 万元、27.72 万元和 13.99 万元，均涉嫌构成非法采矿罪。该县国土资源局及时将此案移送司法部门立案侦查。该县人民法院对此案进行开庭审理，分别判处主犯谭某、陈某、何某有期

① 案件来源 雪峰网，http：//www.360kz.com/wap.php？action=article&id=97。

徒刑4年、3年半、3年，处罚金2.5万元、2万元、1万元；从犯李某、陈某、王某和刘某分别被判2年至2年半不等的有期徒刑，缓刑4年。

为您说说法

《刑法》第三百四十三条第一款：违反矿产资源法的规定，未取得采矿许可证擅自采矿，擅自进入国家规划矿区、对国民经济具有重要价值的矿区和他人矿区范围采矿，或者擅自开采国家规定实行保护性开采的特定矿种，情节严重的，处三年以下有期徒刑、拘役或者管制，并处或者单处罚金；情节特别严重的，处三年以上七年以下有期徒刑，并处罚金。

《最高人民检察院、公安部关于公安机关管辖的刑事案件立案追诉标准的规定（一）》（2008年6月25日）第六十八条［非法采矿案（《刑法》第三百四十三条第一款）］规定，违反矿产资源法的规定，未取得采矿许可证擅自采矿的，或者擅自进入国家规划矿区、对国民经济具有重要价值的矿区和他人矿区范围采矿的，或者擅自开采国家规定实行保护性开采的特定矿种，经责令停止开采后拒不停止开采，造成矿产资源破坏的价值数额在五万至十万元以上的，应予立案追诉。

具有下列情形之一的，属于本条规定的“未取得采矿许可证擅自采矿”：

（一）无采矿许可证开采矿产资源的；

（二）采矿许可证被注销、吊销后继续开采矿产资源的；

（三）超越采矿许可证规定的矿区范围开采矿产资源的；

（四）未按采矿许可证规定的矿种开采矿产资源的（共生、伴生矿种除外）；

（五）其他未取得采矿许可证开采矿产资源的情形。

在采矿许可证被依法暂扣期间擅自开采的，视为本条规定的“未取得采矿许可证擅自采矿”。

造成矿产资源破坏的价值数额，由省级以上地质矿产主管部门出具鉴定结论，经查证属实后予以认定。

给您提个醒儿

非法采矿罪是指违反矿产资源法的规定，未取得采矿许可证擅自采矿，擅自进入国家规划矿区、对国民经济具有重要价值的矿区和他人矿区范围采矿，或者擅自开采国家规定实行保护性开采的特定矿种，情节严重的行为。本罪侵犯的客体是国家对矿产资源和矿业生产的管理制度以及国家对矿产资源的所有权。根据本条规定，非法采矿包括四种情形：（1）无证采矿的行为，即没有经过法定程序取得采矿许可证而擅自采矿的。（2）擅自进入国家规划矿区、对国民经济具有重要价值的矿区、他人矿区采矿的行为。（3）擅自开采国家规定实行保护性开采的特定矿种的行为。（4）“越界采矿”的行为。所谓“越界采矿”，是指虽持有采矿许可证，但违反采矿许可证上所规定的采矿地点、范围和其他要求，擅自进入他人矿区，进行非法采矿的行为。构成本罪，还需要达到“情节严重”，具体标准应参看《最高人民检察院、公安部关于公安机关管辖的刑事案件立案追诉标准的规定（一）》第六十八条的规定。本罪的主体为一般主体，主观方面出自故意。需要指出的是，2011 年 5 月 1 日开始施行的《刑法修正案（八）》对于本罪名进行了修改，主要是取消了原“经责令停止开采后拒不停止开采，造成矿产资源破坏”规定，取而代之的是要求构成本罪需“情节严重”。

本案中，被告人谭某等人的行为发生在《刑法修正案（八）》生效之前，适用的是修改之前的《刑法》第三百四十三条第一款的规定。在本案中，有关部门已经责令几名被告人停止开采而其拒不停止开采，几名被告人的行为造成了矿产资源的严重破坏，价值数额已经达到本罪的立案标准，应依法追究几名被告人的刑事责任。

94. 盗伐林木，构成何罪？[①]

跟您说个事儿

家住辽宁省凤城市赛马镇的吴某，10 多年前从内蒙古来到凤城市赛马煤矿打工，并在此安家落户。因其体弱多病，下不了煤洞干活，只能在洞外干些杂活，收入也不高。为了增加收入，改善家庭生活，他准备盖个鸡棚养些笨鸡，可自己没有钱买盖鸡棚的材料，就心生邪念想上山偷树。

① 案件来源　中国网络电视台，http：//nongjiale. cntv. cn/20110505/106955. shtml。

2010年农历腊月二十五，吴某带着工具到附近山上的集体林里砍树，一棵树还没有砍倒，就被当地村民发现了，吴某赶忙跑下山。大年初二的早晨，吴某以为大家都忙于过年，没人再去山上护林了，就又带着工具上了山，先后砍倒20余棵20多年生的楸树、椴树，正当吴某往山下运的时候，被村民发现并报案。辽宁省凤城市法院以盗伐林木罪，将砍树盖鸡棚的吴某判处拘役5个月，并处罚金2 000元。

为您说说法

《刑法》第三百四十五条：盗伐森林或者其他林木，数量较大的，处三年以下有期徒刑、拘役或者管制，并处或者单处罚金；数量巨大的，处三年以上七年以下有期徒刑，并处罚金；数量特别巨大的，处七年以上有期徒刑，并处罚金。

违反《森林法》的规定，滥伐森林或者其他林木，数量较大的，处三年以下有期徒刑、拘役或者管制，并处或者单处罚金；数量巨大的，处三年以上七年以下有期徒刑，并处罚金。

非法收购、运输明知是盗伐、滥伐的林木，情节严重的，处三年以下有期徒刑、拘役或者管制，并处或者单处罚金；情节特别严重的，处三年以上七年以下有期徒刑，并处罚金。

盗伐、滥伐国家级自然保护区内的森林或者其他林木的，从重处罚。

《最高人民检察院、公安部关于公安机关管辖的刑事案件立案追诉标准的规定（一）》（2008年6月25日）第七十二条［盗伐林木案（《刑法》第三百四十五条第一款）］规定，盗伐森林或者其他林木，涉嫌下列情形之一的，应予立案追诉：

（一）盗伐二至五立方米以上的；

（二）盗伐幼树一百至二百株以上的。

以非法占有为目的，具有下列情形之一的，属于本条规定的“盗伐森林或者其他林木”：

（一）擅自砍伐国家、集体、他人所有或者他人承包经营管理的森林或者其他林木的；

（二）擅自砍伐本单位或者本人承包经营管理的森林或者其他林木的；

（三）在林木采伐许可证规定的地点以外采伐国家、集体、他人所有或者他人承包经营管理的森林或者其他林木的。

本条和本规定第七十三条、第七十四条规定的林木数量以立木蓄积计算，计算方法为：原木材积除以该树种的出材率；幼树，是指胸径五厘米以下的树木。

给您提个醒儿

盗伐林木罪，是指违反国家保护森林法规，以非法占有为目的，擅自砍伐国家、集体所有或者个人所有的森林或者其他林木，数量较大的行为。本罪侵犯的客体是国家的森林资源保护制度；客观方面表现为违反森林法规，盗伐国家、集体或他人所有的森林或其他林木，数量较大的行为。本罪主体是一般主体，凡年满 16 周岁、具备刑事责任能力的人均可成为本罪的主体。单位也可成为本罪主体。本罪在主观方面表现为故意，即明知林木不归本人或者本单位所有，而以非法占有为目的，故意盗伐。

本案中，被告人吴某盗伐集体林 20 多年生树木 20 余棵，其行为构成了盗伐林木罪，依法应受到刑事追究。

95. 罂粟虽美有剧毒，非法种植应铲除[①]

跟您说个事儿

被告人贺某，男，55 岁，河南省杞县裴村店乡鹿台岗村农民。被告人贺某常年患有肠道炎症，多方求医，就是不能除根。听邻居称罂粟果可以治疗肠炎，贺某春耕时将罂粟种子种植在自己家的责任田中。2009 年 5 月 27 日，公安民警在排查过程中，发现其非法种植罂粟，将罂粟铲除。经清点，该批罂粟达 1 100 余棵。法院经审理后认为，被告人贺某违反国家毒品原植物种植管制法规，私自种植罂粟毒品原植物，其行为构成非法种植毒品原植物罪，依法应予惩处。被告人认罪态度好，根据其犯罪情节和悔罪表现，一审判处有期徒刑 1 年，缓刑 1 年，并处罚金 5 000 元。

① 案件来源　大河网，http：//www. dahe. cn/xwzx/csxw/kf/t20090805_1620830. htm。

为您说说法

《刑法》第三百五十一条：非法种植罂粟、大麻等毒品原植物的，一律强制铲除。有下列情形之一的，处五年以下有期徒刑、拘役或者管制，并处罚金：

（一）种植罂粟五百株以上不满三千株或者其他毒品原植物数量较大的；

（二）经公安机关处理后又种植的；

（三）抗拒铲除的。

非法种植罂粟三千株以上或者其他毒品原植物数量大的，处五年以上有期徒刑，并处罚金或者没收财产。

非法种植罂粟或者其他毒品原植物，在收获前自动铲除的，可以免除处罚。

给您提个醒儿

非法种植毒品原植物罪是指明知是罂粟、大麻等毒品原植物而非法种植且数量较大，或者经公安机关处理后又种植，或者抗拒铲除的行为。本罪侵犯的客体是国家对毒品原植物种植的管制。国家历来对非法种植罂粟、大麻等毒品原植物严厉禁止，并先后发布了一系列的法规、法令和通知。本罪的对象是毒品原植物，即用来提炼、加工成鸦片、海洛因、甲基苯丙胺、吗啡、可卡因等麻醉药品和精神药品的原植物。我国非法种植毒品原植物的情况，主要是罂粟，少数地区也种植大麻。本罪在客观方面表现为行为人实施了违反国家有关法规，非法种植毒品原植物数量较大的，或经公安机关处理后又种植以及抗拒铲除的行为。所谓种植，是指播种、施肥、灌溉、割取津液、收取种子等，不论行为人实施了上述全部行为还是只实施了一种行为，都可视为种植。只要有证据证明行为人确实有种植的行为，即使没有成苗，从面积上估算，达到法条所规定数量的，也构成此罪。本罪的主体为一般主体，即凡是达到刑事责任年龄具有刑事责任能力，实施了非法种植毒品原植物的人，均可构成本罪。本罪在主观方面表现为故意，过失不构成本罪，即行为人明知是制造毒品的原植物而非法种植，不论其目的是营利还是满足个人享用，均构成本罪。

本案中，被告人贺某轻信罂粟果可治肠炎，在自家责任田里种植罂粟1 100余棵，已经达到了法定的500株以上的数量标准，构成了非法种植毒品原植物罪，虽然行为人主观上未必具有将其加工成毒品的目的，但是其非法种植毒品原植物的行为本身即具有社会危害性，故此，应以非法种植毒品原植物罪追究其刑事责任。

96. 引诱、教唆他人吸毒，犯了何罪？①

跟您说个事儿

被告人周某，男，36岁，河南省郑州市无业人员。

被告人程某，女，39岁，河南省郑州市无业人员。

小学毕业后，周某无所事事，后在别人的引诱下染上吸毒的恶习，从此走上了以盗养吸的道路，并多次因盗窃和吸毒受到司法机关处理。1991年3月因盗窃被劳动教养1年；1995年7月因吸毒被劳动教养1年；1996年12月因吸毒被劳动教养1年6个月；1999年3月因盗窃被劳动教养1年；2007年11月18日因吸毒被劳动教养2年，因犯盗窃罪于2001年7月25日被郑州市管城回族区人民法院判处有期徒刑1年10个月，2003年2月16日刑满释放。

2009年8月的一天，被告人周某和程某（吸毒人员，与周某系非法同居关系）在郑州市中原区中原西路其租住处，以吸毒能止牙疼为名，鼓动正牙疼的被害人王某吸食，并向王某提供毒品、吸毒工具，教王某将毒品吸食。后周某、程某在一次吸毒时被公安机关抓获，其引诱、教唆他人吸毒的事情也随之浮出水面。法院经审理后认为，被告人周某、程某违反国家毒品管理法规，引诱、教唆他人吸食毒品，其行为均已构成引诱、教唆他人吸毒罪，且系共同犯罪，依法应予惩处。2010年4月1日，法院依法作出判决：被告人周某、程某犯引诱、教唆他人吸毒罪，分别判处有期徒刑8个月，并处罚金3 000元，有期徒刑6个月，并处罚金2 000元。

① 案件来源 中国广播网，http://www.cnr.cn/hnfw/hngs/fzzy/201004/t20100401_506233693.html。

为您说说法

《刑法》第三百五十三条：引诱、教唆、欺骗他人吸食、注射毒品的，处三年以下有期徒刑、拘役或者管制，并处罚金；情节严重的，处三年以上七年以下有期徒刑，并处罚金。

强迫他人吸食、注射毒品的，处三年以上十年以下有期徒刑，并处罚金。

引诱、教唆、欺骗或者强迫未成年人吸食、注射毒品的，从重处罚。

给您提个醒儿

毒品犯罪是我国《刑法》规定中的最严重的犯罪类型之一，打击和制裁毒品犯罪，预防毒品犯罪的发生和蔓延，关系到我国社会的长治久安。鉴于在吸毒者中有一部分人是由于受到他人引诱、教唆而染上毒瘾的，成瘾后难以自拔，这种引诱、教唆他人吸食毒品的行为危害很大，特别是引诱、教唆未成年人吸食毒品的，危害更大。要禁绝吸毒，必须对这种犯罪行为予以严厉打击。引诱、教唆、欺骗他人吸毒罪是指以引诱、教唆、欺骗的方法，促使他人吸食、注射毒品的行为：（1）引诱他人吸毒。这里的引诱，是指以金钱、物质或者含有毒品的物品让他人吸食，或者以向他人进行鼓动等方法，勾引、诱使、拉拢本无吸毒意愿的人吸毒。（2）教唆他人吸毒。这里的教唆，是指以宣扬吸毒后的体验、示范吸毒方法和劝说、授意、怂恿等其他方法，故意唆使他人产生吸毒的意图并进而吸毒。（3）欺骗他人吸毒。这里的欺骗，是指暗地里在药品中掺入毒品供他人吸食，使他人不知不觉地染上毒瘾。引诱、教唆、欺骗他人吸毒罪的责任形式是故意。这里的故意，是指明知是引诱、教唆、欺骗他人吸毒的行为而有意实施的主观心理状态。

本案中，被告人周某、程某以吸毒能止牙疼为名，鼓动正牙疼的被害人王某吸食，并向王某提供毒品、吸毒工具，教王某将毒品吸食，其行为已经构成了引诱、教唆他人吸毒罪。

97. 制售黄碟，构成何罪？[①]

跟您说个事儿

被告人邵某，男，34 岁，浙江龙游县人，10 年前因诈骗罪被判入狱 10 个月。

2008 年，邵某携全家来到浙江嘉兴谋生。起初邵某只在菜场门口摊个地摊，贩卖盗版故事片、戏曲等光碟，后来他买了刻录机、打印机等设备，干脆自己复制影碟拿去卖。其间有许多人想要黄色碟片，邵某就动了心。2009 年 11 月，邵某购进一批黄碟，拿到地摊上一试，果然“畅销”。为了降低成本，邵某开始了“自产自销”经营模式，在自家卧室复制黄色碟片。他买来“母片”和大量空白盘，在电脑上装了 6 只光驱，一次能刻录 6 张。从 2010 年 4 月开始，邵某马不停蹄地开工生产，还将淫秽图案扫描打印下来包装到自制的影碟上。他每天下午和晚上“生产”，一大早拿去摆摊兜售，“生意”很不错。2010 年 4 月 16 日，民警在租房内将正在紧张“工作”的邵某抓获，当场查获电脑、扫描仪、打印机等一批工具，同时搜出大量光碟。经鉴定，其中 5 161 张属淫秽光碟。2010 年 8 月 4 日，人民法院以邵某犯复制、贩卖淫秽物品牟利罪，判处其有期徒刑 11 年，并处罚金 30 000 元。其作案工具电脑、刻录机、扫描仪、打印机、空白光盘、包装纸等均予以没收。

为您说说法

《刑法》第三百六十三条第一款：以牟利为目的，制作、复制、出版、贩卖、传播淫秽物品的，处三年以下有期徒刑、拘役或者管制，并处罚金；情节严重的，处三年以上十年以下有期徒刑，并处罚金；情节特别严重的，处十年以上有期徒刑或者无期徒刑，并处罚金或者没收财产。

《最高人民检察院、公安部关于公安机关管辖的刑事案件立案追诉标准的规定（一）》（2008 年 6 月 25 日）第八十二条［制作、复制、出版、

① 案件来源　浙江在线，http：//jx. zjol. com. cn/05jx/system/2010/08/05/016822554. shtml。

贩卖、传播淫秽物品牟利案（《刑法》第三百六十三条第一款、第二款）〕规定，以牟利为目的，制作、复制、出版、贩卖、传播淫秽物品，涉嫌下列情形之一的，应予立案追诉：

（一）制作、复制、出版淫秽影碟、软件、录像带五十至一百张（盒）以上，淫秽音碟、录音带一百至二百张（盒）以上，淫秽扑克、书刊、画册一百至二百副（册）以上，淫秽照片、画片五百至一千张以上的；

（二）贩卖淫秽影碟、软件、录像带一百至二百张（盒）以上，淫秽音碟、录音带二百至四百张（盒）以上，淫秽扑克、书刊、画册二百至四百副（册）以上，淫秽照片、画片一千至二千张以上的；

（三）向他人传播淫秽物品达二百至五百人次以上，或者组织播放淫秽影像达十至二十场次以上的；

（四）制作、复制、出版、贩卖、传播淫秽物品，获利五千至一万元以上的。

以牟利为目的，利用互联网、移动通讯终端制作、复制、出版、贩卖、传播淫秽电子信息，涉嫌下列情形之一的，应予立案追诉：

（一）制作、复制、出版、贩卖、传播淫秽电影、表演、动画等视频文件二十个以上的；

（二）制作、复制、出版、贩卖、传播淫秽音频文件一百个以上的；

（三）制作、复制、出版、贩卖、传播淫秽电子刊物、图片、文章、短信息等二百件以上的；

（四）制作、复制、出版、贩卖、传播的淫秽电子信息，实际被点击数达到一万次以上的；

（五）以会员制方式出版、贩卖、传播淫秽电子信息，注册会员达二百人以上的；

（六）利用淫秽电子信息收取广告费、会员注册费或者其他费用，违法所得一万元以上的；

（七）数量或者数额虽未达到本款第（一）项至第（六）项规定标准，但分别达到其中两项以上标准的百分之五十以上的；

（八）造成严重后果的。

利用聊天室、论坛、即时通信软件、电子邮件等方式，实施本条第二款规定行为的，应予立案追诉。

以牟利为目的，通过声讯台传播淫秽语音信息，涉嫌下列情形之一的，应予立案追诉：

（一）向一百人次以上传播的；

（二）违法所得一万元以上的；

（三）造成严重后果的。

明知他人用于出版淫秽书刊而提供书号、刊号的，应予立案追诉。

给您提个醒儿

制作、复制、出版、贩卖、传播淫秽物品牟利罪是指以牟利为目的，制作、复制、出版、贩卖、传播淫秽物品的行为。本罪的行为具有以下五种情形：（1）制作淫秽物品。这里的制作，是指生产、录制、摄制、编写、译著、绘画、印刷、刻印、洗印等。（2）复制淫秽物品。这里的复制，是指复印、拓印、翻印、复写、复录、抄写等。（3）出版淫秽物品。这里的出版，是指编辑、印刷等。（4）贩卖淫秽物品。这里的贩卖，是指发行、批发、零售、倒卖等。（5）传播淫秽物品。这里的传播，是指播放、放映、出租、出借、承运、邮寄等。这里的淫秽物品，根据《刑法》第三百六十七条的规定：是指具体描绘性行为或者露骨宣扬色情的诲淫性的书刊、影片、录像带、录音带、图片及其他淫秽物品。有关人体生理、医学知识的科学著作不是淫秽物品。包含有色情内容的有艺术价值的文学、艺术作品不视为淫秽物品。制作、复制、出版、贩卖、传播淫秽物品牟利罪的责任形式是故意。这里的故意，是指明知是淫秽物品而有意制作、复制、出版、贩卖、传播的主观心理状态。此外，成立本罪还须以牟利为目的。

本案中，被告人邵某以牟利为目的，复制黄色碟片并加以贩卖，根据《最高人民法院、最高人民检察院关于办理利用互联网、移动通讯终端、声讯台制作、复制、出版、贩卖、传播淫秽电子信息刑事案件具体应用法律若干问题的解释》（2004 年 9 月 6 日起施行）第二条的规定，已经达到“情节特别严重”的程度，应当在 10 年以上有期徒刑或无期徒刑的法定刑区间内处刑，并处罚金或者没收财产。故此，当地法院对本案的审理结果是适当的。

98. 传播淫秽物品，没有牟利也是犯罪

跟您说个事儿

被告人马某，男，29岁，河南省新郑市农民。

被告人马某平时喜爱电脑，加上头脑灵活，很快成为网络行家。2009年下半年到2010年3月，马某用“无敌杀手”的用户名登录“无双帝国”网站，并成为该网站总版主，管理各个版块的实习版主，在马某任该网站总版主期间，该网站共上传淫秽图片1 788张。河南省新郑市人民法院审理后认为，被告人马某利用互联网传播淫秽电子信息，情节严重，其行为已触犯我国《刑法》相关规定，构成传播淫秽物品罪。根据被告人马某的犯罪行为、犯罪的事实、犯罪的性质、情节和对于社会的危害程度，鉴于其在庭审中认罪态度较好，系初犯，且有悔罪表现，以传播淫秽物品罪，判决被告人马某有期徒刑6个月，缓刑1年。

为您说说法

《刑法》第三百六十四条第一款：传播淫秽的书刊、影片、音像、图片或者其他淫秽物品，情节严重的，处二年以下有期徒刑、拘役或者管制。

《最高人民检察院、公安部关于公安机关管辖的刑事案件立案追诉标准的规定（一）》（2008年6月25日）第八十四条［传播淫秽物品案（《刑法》第三百六十四条第一款）］规定，传播淫秽的书刊、影片、音像、图片或者其他淫秽物品，涉嫌下列情形之一的，应予立案追诉：

（一）向他人传播三百至六百人次以上的；

（二）造成恶劣社会影响的。

不以牟利为目的，利用互联网、移动通讯终端传播淫秽电子信息，涉嫌下列情形之一的，应予立案追诉：

（一）数量达到本规定第八十二条第二款第（一）项至第（五）项规定标准二倍以上的；

（二）数量分别达到本规定第八十二条第二款第（一）项至第（五）项两项以上标准的；

（三）造成严重后果的。

利用聊天室、论坛、即时通信软件、电子邮件等方式，实施本条第二款规定行为的，应予立案追诉。

给您提个醒儿

传播淫秽物品罪，是指传播淫秽书刊、影片、音像、图片或者其他淫秽物品，情节严重的行为。本罪侵犯的客体是社会主义道德风尚。在社会上传播淫秽物品对于人民特别是青少年的身心健康会造成危害，也极易诱发违法犯罪活动。依法打击在社会上传播淫秽物品的犯罪行为，对于维护社会治安，净化社会空气，保护人民的身心健康，促进精神文明，无疑具有重要意义。本罪的对象包括各种淫秽物品，如各种淫秽的书刊、报纸、画片、影片、录像带、录音带、淫秽玩具、娱乐用品以及印刷、雕刻有淫秽文字、图案的生活用品等。传播方式既可以是直接传播赤裸裸的淫秽物品，也可以改头换面，在艺术品中故意加入淫秽情节，或者在小说中故意加入淫秽描写等。本罪在客观方面表现为，传播淫秽的书刊、影片、录像带、录音带、图片或者其他淫秽物品，情节严重的行为，必须是“情节严重”才构成此罪。“情节严重”的标准参看《最高人民检察院、公安部关于公安机关管辖的刑事案件立案追诉标准的规定（一）》第八十四条的规定。本罪的主体为一般主体，即达到法定刑事责任年龄并具有刑事责任能力的自然人。单位也可构成本罪。本罪在主观方面表现为故意，但行为人必须是不以牟利为目的，如果以牟利为目的，则构成传播淫秽物品牟利罪。

本案中，被告人马某利用互联网传播淫秽电子信息，情节严重，其行为已触犯我国《刑法》相关规定，构成传播淫秽物品罪。

主要参考文献

1. 高铭暄、马克昌：《刑法学》，4 版，北京，北京大学出版社、高等教育出版社，2010。

2. 王明、王运声：《危害公共安全、妨害社会管理秩序犯罪案例》，北京，人民法院出版社，2006。

3. 王明、王运声：《侵害人身财产犯罪案例》，北京，人民法院出版社，2006。

4. 黄文艾：《刑事疑难案例法理评析》，北京，法律出版社，2009。

5. 韩玉胜：《刑法各论案例分析》，2 版，北京，中国人民大学出版社，2004。

6. 陈兴良：《刑法案例优秀作业选》，北京，中国人民大学出版社，2008。

7. 赵秉志：《刑法总论案例分析》，北京，中国人民大学出版社，2009。

8. 赵秉志：《刑法各论案例分析》，北京，中国人民大学出版社，2009。

9. 刘志伟、左坚卫：《刑法各论案例分析》，北京，中国人民大学出版社，2009。

10. 赵秉志：《刑法教学案例》，北京，法律出版社，2007。

11. 黄京平：《刑法总则案例分析》，北京，中国人民大学出版社，2002。

12. 裴广川：《刑法学案例教程》，北京，知识产权出版社，2002。

13. 王志亮：《刑法分则案例教程》，北京，北京大学出版社，2005。

14. 莫洪宪：《刑法案例分析》，北京，高等教育出版社，2008。

15. 黄京平：《刑法案例教程》，上海，复旦大学出版社，2007。

16. 黄伟明：《刑法总则案例教程》，北京，北京大学出版社，2004。

17. 徐燕平：《刑事疑难案例研究》，上海，上海交通大学出版社，2010。

18. 韩玉胜：《刑法学原理与案例教程》，北京，中国人民大学出版

社，2006。

19. 鲍雷、张仲侠、刘玉民：《侵害财产犯罪疑难案例精析》，杭州，浙江大学出版社，2007。

20. 严励：《刑法案例教程》，北京，法律出版社，2006。

21. 陈兴良：《判例刑法学》（上、下卷），北京，中国人民大学出版社，2009。

22. 赵秉志：《中国刑法典型案例研究》（一至五卷），北京，北京大学出版社，2008。

23. 刘艳红等：《犯罪离我们有多远：生活中的刑法》，武汉，武汉大学出版社，2007。

24. 陈鹏忠：《转型中国：农村弱势群体犯罪问题透析》，杭州，浙江大学出版社，2010。

25. 阮齐林、康瑛：《刑法案例研习教程》，北京，高等教育出版社，2005。

26. 最高人民法院刑事审判第一、二、三、四、五庭：《中国刑事审判指导案例1：危害国家安全罪、危害公共安全罪、侵犯财产罪、危害国防利益罪》，北京，法律出版社，2009。

27. 最高人民法院刑事审判第一、二、三、四、五庭：《中国刑事审判指导案例3：侵犯公民人身权利、民主权利罪》，北京，法律出版社，2009。

28. 最高人民法院刑事审判第一、二、三、四、五庭：《中国刑事审判指导案例5：贪污贿赂罪、渎职罪、军人违反职责罪》，北京，法律出版社，2009。